吉林省旅游产业结构优化研究

朱麟奇　著

科学出版社
北　京

内 容 简 介

本书综合运用人文地理学、旅游地理学的理论和方法，以吉林省旅游产业为研究对象，通过对吉林省旅游产业结构的分析，借助旅游地理学、旅游经济学、理论地理学、系统科学等学科的相关理论与研究方法，探讨吉林省旅游产业优化的可行性。实证方面，从吉林省旅游产业结构优化入手，通过内部结构和空间结构的优化，提高整个吉林省旅游系统对外的旅游吸引力，实现区域的可持续发展。

本书可供综合性大学、工科院校、师范院校地理系和规划系本科生作为教学和学习参考书使用，为高等学校旅游专业人员提供案例素材，为产业、旅游与城市规划人员提供规划依据。同时也可以作为地理学、旅游地理学、经济学、社会学有关人员的研究和教学参考书，还可以为政府管理者提供决策参考。

图书在版编目（CIP）数据

吉林省旅游产业结构优化研究 / 朱麟奇著. —北京：科学出版社，2020.3

ISBN 978-7-03-064346-9

Ⅰ. ①吉…　Ⅱ. ①朱…　Ⅲ. ①旅游业－产业结构优化－研究－吉林　Ⅳ. ①F592.734

中国版本图书馆 CIP 数据核字（2020）第 021567 号

责任编辑：孟莹莹　程雷星 / 责任校对：彭珍珍
责任印制：赵　博 / 封面设计：无极书装

科学出版社 出版
北京东黄城根北街 16 号
邮政编码：100717
http://www.sciencep.com

中煤（北京）印务有限公司印刷
科学出版社发行　各地新华书店经销
*
2020 年 3 月第　一　版　开本：720 × 1000　1/16
2025 年 1 月第二次印刷　印张：9　插页：1
字数：144 000

定价：99.00 元

（如有印装质量问题，我社负责调换）

本书出版受以下项目资助：

长春师范大学学术著作出版基金

吉林省科学技术厅2018年度吉林省科技计划重点研发项目“吉林省智慧旅游城市大数据平台研发”（项目编号：20180201085SF）

长春师范大学科研基金项目“吉林省旅游产业结构调整研究”（合同编号：长师大社科合字[2017]008号）

吉林省教育厅“十三五”科学研究规划项目“吉林省旅游产业结构升级研究”（合同编号：JJKH20181200S）

前　言

进入 21 世纪后，产业结构的完善日益成为吉林旅游发展的主要杠杆，然而其中也存在着不少问题，主要表现在：旅游基础设施建设相对滞后，从业队伍整体素质不高，等等。从行业维度看，旅行社业、饭店业、景区业、旅游商品业具有各自的矛盾症结；从空间布局看，中部城市、东部森林、西部草原湿地的旅游开发协调尚待加强。与此同时，优化吉林省旅游产业结构还存在着一系列制约因素。旅游资源赋存方面，吉林省旅游资源丰富但不卓著，尽管长白山脉等自然资源和伪满皇宫博物院人文资源蕴藏深厚，但知名度和开发率尚低。旅游人力资源方面，从业人员的数量增长与质量停滞又形成对立，导游强制游客消费等“痼疾”依然存在。本书以人文地理学理论和方法为基础，以吉林省为研究对象，对吉林省旅游产业结构进行研究，以达到优化吉林省旅游产业结构的目的。

全书共七章：第一章为绪论，主要说明本书的研究背景与问题提出，国内外研究述评，研究的内容、目标及意义，研究方法与技术路线；第二章为旅游产业结构的概念界定和相关理论，主要对中心地理论、核心-边缘理论、增长极理论、点-轴开发理论、可持续发展理论进行了概述和提炼，从而为本书的思维范式奠定了基础；第三章为吉林省旅游产业结构现状分析，主要阐述了吉林省旅游产业结构的总体特征、吉林省旅游产业的行业现状、吉林省旅游产业的空间结构现状和吉林省旅游产业结构优化的意义；第四章为吉林省旅游产业结构优化的制约因素，主要从旅游资源赋存、旅游人力资源、旅游资本供给、旅游科技水平和旅游投资结构五方面分析吉林省旅游产业结构的制约因素；第五章为吉林省旅游产业结构的优化路径，主要从优化动力、优化内容和优化方式三方面对吉林省旅游产业结构进行优化；第六章为吉林省旅游产业结构优化的对策建议，主要从顶层设计层面明确吉林省旅游产业结构优化的原则和目标，提出吉林省旅游产业结构优化的系统措施和保障体系；第七章为结论与创新，分析总结了研究结论和创新点。

本书的出版得到长春师范大学学术专著出版基金的资助，在此表示衷心的感谢！作者在写作过程中参考了许多专家学者的论著，在书中对所引用的文献资料做了详细的注明，对这些作者表示感谢！由于作者能力有限，书中不足之处在所难免，恳请广大读者批评指正。

朱麟奇

2019 年 8 月

目　录

第一章 绪　论

党的十八大报告指出“着力解决制约经济持续健康发展的重大结构性问题”。旅游业作为一个综合性产业，其自身的发展也离不开对其产业结构的及时调整。我国从旅游大国向旅游强国迈进，最基本的方面就是从产业规模的单纯扩张、外延式增长，向不断优化旅游产业结构、实现高效益发展的方向转变。作为旅游产业发展正处于蓬勃上升期的省份，吉林省的旅游产业结构优化问题已经成为经济社会发展全局当中的一项重要课题。

第一节　研究背景与问题提出

改革开放 40 多年来，我国逐渐从旅游弱国变成旅游大国，并开始向旅游强国迈进。从最基本的意义上来界定，旅游“弱”国，是指旅游产业从规模到结构效益的全面落后；旅游“大”国，主要指旅游产业规模的不断扩张；而旅游“强”国，则指向旅游产业内在结构效益的先进和发达。旅游强国的基石是旅游强省。在这场旅游产业结构大调整的浪潮中，吉林省只有抓住历史机遇，早日促成飞跃，才能实现旅游强省的战略性目标。

一、旅游产业结构普遍升级

20 世纪 40 年代以来，产业结构调整问题日渐成为经济发展中的热点。1940 年，克拉克（C. G. Clark）指出了劳动力依次由第一产业向第二产业、第三产业转移的规律；霍夫曼（W. G. Hoffman）针对工业结构变动提出了霍夫曼定理；钱纳里（H. B. Chenery）提出了“标准产业结构”理论；赤松要提出了“雁行形态理论”[1]。这些产业结构理论的提出，是对世界各国经济发展动向的敏锐表征，标志着现代经济进入了产业结构大调整的总体态势中。

随着社会主义市场经济的逐步发展，我国国内市场的需求结构产生了较大的变动：居民的整体消费结构已从“温饱型”向“小康型”转变。与此同时，一部分高收入阶层的消费结构已进入“宽裕型”。需求结构的变化强烈地刺激了供给结构的变化，这使得国内投资随着产品结构调整而升级换代。面对这一形势，我国的经济持续增长就不能再按改革开放初期的粗放模式来进行，而只能通过产业结构优化升级来实现。旅游是我国居民收入水平提高之后的首要消费项目，旅游业的产业结构优化升级成为重中之重。从当前我国旅游业总体状况来看，旅游业对国民经济发展的作用十分突出。要完成2020年我国旅游产业规模、质量、效益基本达到世界旅游强国水平的宏伟目标，旅游产业结构的优化升级成为首要工作抓手。

近年来，旅游产业结构升级已成为我国各地经济发展的普遍战略。京、沪、江、浙等经济发达地区，在旅游产业结构升级中的举措具有前瞻性和代表性。2008年，江苏投入350亿元加快旅游产业升级，力争在现代化条件下重新整理江南文化遗产，使六朝故地爆发出更大的旅游生机。江苏各地区抓住这一契机，想尽办法进行旅游产业结构调整，如无锡市特别加大宣传推介力度，争取国际旅游年会在无锡举办，邀请国内外专家学者参加，起到借用外脑、借梯登高、借船出海的作用。2010年，北京市筹集1000万元用于奖励高端旅游产品开发，在原有旅游资源优势的基础上推进地区旅游产品的整体升级。

相比于这些经济发达地区，其他地区更多地依靠文化创意来打旅游产业结构牌。云南省通过杨丽萍的大型舞蹈节目《云南映象》宣传旅游特色，将文化产业与旅游产业相结合，将旅游产业升级建立在地方特色之上，延伸开发产品，从而获得了牢固的可持续发展根基。贵州省注重发挥云贵川大地域文化的规模优势，借大地区的文化软实力推销本省旅游产品。广西柳州打造柳宗元历史文化品牌：建设“柳宗元文化长廊”，以浮雕和碑刻的形式展现柳宗元在柳州的事迹及其文学作品，并以电视剧和电影拍摄柳宗元在柳州的故事。这样，柳州旅游产业就获得了自己的旗帜性话语权，凭借柳宗元的文化影响力而占据了不可替代的旅游目的地位置。近年来吉林省不断学习各省份经验做法，逐步探索立足本省特色而促进旅游产业结构升级的思路对策，如将自然资源与人文故地宣传相结合的方式就较有成效，发掘境内极其丰富的果树和野生榛子资源，成功举办了四平市首届叶赫红果采摘节等。可见，我国各地区都把旅游产业结构战略性调整作为经济发展的重中之重。吉林省在这一大潮当中，只有激流勇进，才有旅游业大发展的出路与前景。

二、吉林省旅游产业结构调整

进入 21 世纪第二个十年后，全省旅游业呈现出强劲的发展势头，2013 年全省接待国内外旅游者 10 369.28 万人次，比 2012 年增长 15.6%。但是，吉林省旅游产业要想实现内涵式发展，还需要在产业结构优化方面投入大量精力[2]。从取得的成绩看，产业结构的完善日益成为吉林旅游发展的主要杠杆。旅游产业定位较为明确，发展氛围浓厚。政策优势为吉林省旅游产业结构调整提供了有力支持。吉林省旅游产业在迎来宝贵机遇的同时，也存在着不少制约发展的问题。旅游产品品种少、客源国单一的局面有待改变。特色旅游品牌优势不明显及知名度不高，对海外游客还未形成品牌优势和高知名度。旅游基础设施建设相对滞后，服务质量和游客满意度不高。旅游基础设施建设的投资不足，旅游道路交通、航空等基础设施条件不足、水准较低。人才不足，从业队伍整体素质有待提高，尚不适应快速发展的需要。导游人员的素质，在很大程度上影响着“回头客”对旅游业的评价和定位，进而影响着外界对吉林省旅游业质量的评价与空位。吉林省旅游形象传播存在许多问题：传播力度不够，有效到达率低；传播的文化内涵薄弱；缺乏创新意识和群众基础；新媒体潜能未能很好发挥。这些症结的深层原因在文化、在思维，正如麦金德所说：必须承认人主要是习惯的奴隶这一事实……必须牢记这种倾向在地理学中的影响。吉林省上亿的投资景区开发没有走向旅游产业链的其他环节，这种开发原则不能采取成熟的市场化模式。旅游产品市场、生产要素市场、服务市场等多个层面的分割状况，表明吉林省旅游产业结构存在着深层问题，从而大大削弱了整个大区域与外界的竞争力。对吉林省旅游产业结构进行优化升级，需要以前瞻性的理念更新认知工具。

三、吉林省"十三五"时期旅游发展要求

《中共吉林省委关于制定吉林省国民经济和社会发展第十三个五年规划的建议》（2015 年 11 月，以下简称《建议》）指出，"围绕打造吉林旅游升级版……推动旅游产品升级……扩大边境游和跨境游，促进旅游与健康养老、文化休闲等融合发展"[3]。这就对旅游业的大发展提出了很高的要求。在"经济增长""结构调整""资源环境""城镇化""人民生活"等基础性方面，旅游业都将发挥极其重要的作用。研究吉林省旅游产业结构优化问题，顺应世界经济发展的趋势，对吉林省旅游业的发展具有十分重要的意义。《建议》关于吉林省区域发展格局的总体部署是"统筹东部绿色转型发展区、中部创新转型核心区、西部生态经济区建设，形成既各具特色、又良性互动的区域发展新格局""推进长吉图战略，融入'一带一路'建设，加快开放发展"。"十三五"时期，吉林省旅游产业的空间结构优化规划主要为：促进东部绿色转型发展区、中部创新转型核心区、西部生态经济区协调发展。以优化区域分工和产业布局为重点，加强东、中、西部经济合作。通过强化规划统筹、要素整合、投资引导、区域协调，提升旅游部门对产业发展的引领能力和整合能力，形成全方位推进改革的工作局面。

第二节　国内外研究述评

旅游的实践工作者与理论研究者取得的宝贵研究成果，以及研究过程中存在的盲区或问题，是开展吉林省旅游产业结构优化系统研究的基本学术参考。从大的方面说，随着旅游业实践的发展，我国学者在理论研究上也取得了很大的进展，成果主要涉及基础理论、旅游产业、旅游管理、旅游经济增长点、生态旅游与可持续发展等。其中，旅游产业结构是研究的重点和热点，学者从旅游产业的内部行业角度和空间布局角度开展了广泛的研究，形成了一系列有价值的学术成果，这些学术成果对本书具有重要的理论和参考意义。

一、旅游产业结构优化基础理论

（一）旅游产业内部结构优化

旅游产业内部结构优化问题已经引起了人们的高度重视。旅游产业内部结构的合理化和高级化有利于提高旅游产业的整体效益，也是实现旅游产业可持续发展的重要条件。国外学者对旅游产业内部结构优化进行了较为深入的研究。其中，政府把旅游产业内部结构优化与旅游发展规划紧密联系起来进行把握，构成了最普遍的共识。其核心的观点是：旅游发展规划是一个复杂的过程，必须立足于对旅游产业内部结构的科学认知而进行；而旅游产业内部结构的优化完善又强烈地依赖于旅游发展规划的合理性。针对以往旅游规划社区方法的局限性，有学者提出应把环境和社会因素与经济因素共同加以考虑，以旅游产业内部各行业作为重要的运算单元，而不是仅仅局限在社区单元。有学者强调资源自然禀赋对于旅游产业内部结构调整的基础性意义，认为行业结构关系应与总体的资源分析和地区发展结合起来，特别是解决可用地和水资源的矛盾。有学者开始提出生态旅游政策，从而发展了旅游产业内部结构优化的理论，在对美国国家旅游局的数据资料进行研究后，提出了发展生态旅游以优化旅游产业内部结构的政策建议[4]。国内很多学者分别针对中国各地旅游业发展中存在的问题和制约因素，提出了优化旅游产业内部结构以实现旅游产业可持续发展的战略选择。有学者认为中国的旅游产业发展应该有以下特点：选择政府主导的发展模式；使旅游产业开发向集约型转变；信息化、网络化发展；优势品牌打造；优化旅游产业结构。一些学者对旅游产业内部的产品结构、组织结构和发展模式做了详细分析。一些学者研究了我国旅游产业内部和外部的产业关联度，指出应该发挥各地的旅游资源优势，开发特色旅游产品[5]。现有定量分析的研究大致采用以下两种方法：一是细分出游览、长途交通、住宿、娱乐、购物、邮电通信、餐饮七个因素，进而具体考察其与国内旅游收入和旅游外汇收入的关联度；二是运用计量方法对影响中国旅游业发展诸因素进行关联分析。有学者从生态化建设的角度提出了旅游产业内部结构优化管理措施。有学者得出阻碍中国旅游产业发展的原因包括认识障碍、管理障碍和立法障碍。

（二）旅游产业空间结构优化

20世纪60年代，区位论已经应用到游憩活动与地理结构关系的研究中，如Christaller（克里斯塔勒）提出了休假者的扩展范围问题，Lundgren和Britton建立了“核心-边缘”理论[6]。有学者运用数学方法对多种空间结构进行了描述。在国内，20世纪80年代以来，中国地理学家对旅游区划的基本理论进行了研究。最初是进行旅游各要素的区划研究，后来逐渐转化为旅游综合区划。在旅游区划的基础上，有学者对旅游地域系统及其构成进行了研究；有学者对四川省的区域旅游系统模式进行了分析；也有学者对宁夏旅游地域系统结构进行了分析。20世纪90年代以后，旅游区划研究转向了区域旅游空间结构研究。例如，有学者提出了区域旅游系统层次架构，并以秦皇岛为案例进行了分析；有学者对区域旅游网络的形成需具备的条件进行了分析和总结；有学者概括出了城市旅游空间结构的组成要素，将哈格特的空间结构模式引入旅游学研究；有学者提出了环城游憩带理论，对桂林旅游客源空间结构和时间断面进行了对比[7]；有学者运用区域旅游系统结构优化理论分析了旅游开发中出现的种种失衡问题；有学者试图以图论方法为工具分析区域旅游系统的空间结构。总的来说，旅游空间结构的研究“多数偏重于旅游者行为或旅游流的规模和变化研究”，大多集中于需求模式、旅游者行为规律等方面的研究，很少关注空间结构优化研究。

二、吉林省旅游产业结构优化研究

随着旅游业对地区经济发展贡献日渐提高，许多地方将旅游业定位为支柱产业来发展。近年来，学者辛勤耕耘，在吉林省旅游产业结构研究方面取得了宝贵成果，在旅游业对吉林省经济社会发展方面的重大意义取得了高度共识，其中一些共识已经上升为政府的决策依据。首先，学者一致认为，应充分发挥全省旅游优势，加快产业结构调整。其次，在旅游形式方面，学者认为应重点发展生态旅游、冰雪旅游、边境旅游、史迹旅游和民俗旅游，积极开展专项旅游、度假旅游、观光旅游、探险旅游、电影文化旅游、科学考察旅游、休闲避暑旅游等，突出优势、重点、品牌和特色。再次，在商品开发方面，学者认为应不断开发多样化、系列化具有吉林特色的旅游商品。然后，在旅游资源的整合与组合方面，有学者提出应克服狭隘的本位思想，实现资源的圈层式整合，从而促进区域旅游经济的一体化发展。最后，在以文化产业充实旅游产业方面，有研究者阐述了吉林省着力打造富有地域特色的系列会展活动对于旅游产业结构优化的意义。这些文化活动不属于狭义上的旅游范畴，但却是大旅游发展的前沿地带。中国（长春）国际汽车博览会（简称长春汽车博览会）、农业博览会、中国（长春）民间艺术博览会（简称长春民间艺术博览会）、东北亚博览会、大型书展等活动提供了大量的旅游产品。从文化产业对旅游产业的支撑作用来看，吉林省的旅游发展前景非常光明。

第三节 研究的内容、目标及意义

一、研究内容

本书在相关研究的基础上，系统分析了吉林省旅游产业结构的发展现状、发展瓶颈，进而探索相应的优化路径与实践对策。这一研究的开展有利于为吉林省旅游产业结构的优化升级提供智力支持，并为其他地区同类问题的探讨提供分析样本。本书的主要内容如下。

第一章：绪论。主要目的在于阐明优化产业结构是促进吉林省旅游产业新发展的当务之急。概述本书的研究背景与问题提出，国内外研究述评，研究的内容、目标和意义。

第二章：旅游产业结构的概念界定和相关理论。本书将旅游产业结构界定为两个层级的统一，第一层级指旅游产业内部各部门之间的关系，第二层级指旅游产业与相关产业之间的相互关系，与以食、住、行、游、购、娱为核心的旅游业内部各行业间的技术联系的统一，并对中心地理论、核心-边缘理论、增长极理论、点-轴开发理论、可持续发展理论进行概述和提炼，从而为本书的思维范式奠定基础。

第三章：吉林省旅游产业结构现状分析。进入 21 世纪后，产业结构的完善日益成为吉林旅游发展的主要杠杆，然而其中也存在着不少问题，主要表现在：投资拉动、消费带动占有份额较低；旅游产品供给不足和结构性矛盾依然突出；旅游基础设施建设相对滞后；从业队伍整体素质有待提高；等等。从行业维度看，旅行社业、饭店业、景区业、旅游商品业具有各自的矛盾症结；从空间布局看，中部城市、东部森林、西部草原湿地的旅游开发协调尚待加强。

第四章：吉林省旅游产业结构优化的制约因素。旅游资源赋存方面，吉林省旅游资源丰富但不卓著，尽管长白山脉等自然资源和伪满旧址等人文资源蕴藏深厚，但相对知名度和开发率尚低。旅游人力资源方面，从业人员的数量增长与质量停滞又形成一组对立面，导游强制游客消费等“痼疾”依然存在。旅游资本供给方面，传统项目的开工续建得到了政府的有力支持，而引导社会资本注入旅游产业和带有旅游属性的文化产业则尚显滞后。旅游科技水平方面，传统旅游项目科技含量提升速度较慢，动漫、3D 等新型旅游项目科技应用模式的人本化程度亟待提高。旅游投资结构方面，大型旅游集团、“全国百强”旅行社、新增 5A 级景区与五星级饭店等硬件投资发展较快，而旅游文化研究、人文价值开发、地域民俗保护等软实力发展底气虚弱。

第五章：吉林省旅游产业结构的优化路径。从优化动力方面看，要充分发挥政府驱动、市场驱动、企业驱动相结合的效用，立足混合经济的发展眼光来固本培元。从优化内容方面看：一是要进行产品优化，强化再加工与附加值生产，走突出关东风情、注重信誉质量的产品开发道路。二是要进行产业优化，在升级既有旅游产业结构的同时，重点发掘吉林省广播电视信息网络集团有限责任公司、长影集团有限责任公司、刘老根剧场等文化企业的旅游潜质，在“大旅游”的视野中整合企业资源。三是要进行空间优化，重点建设以长春、吉林一体化发展为核心，以四平、松原、梅河口为辅助的中部城市群；以延吉为主、珲春为辅的图们江中下游城镇组团；以通化为主，白山为辅的长白山中南部城镇组团；以白城为中心的西部城镇组团。强化区域特色，防止千城一面，吸引旅游客源。

第六章：吉林省旅游产业结构优化的对策建议。首先，从顶层设计层面明确吉林省旅游产业结构优化的原则和目标，即以规划先导、市场运作、改革创新和可持续发展为原则，树立起开发重大旅游基础设施项目，打造国际知名的旅游产业集聚区，完善旅游航线网络、高等级旅游公路建设、重点景区高速铁路建设等发展目标。其次，研究吉林省旅游产业结构优化的系统措施。从产业内部结构优化来看，重点做好旅游资源产权明晰化，培育大型旅游集团；旅游产业差别化定价，加大旅游业导向性投入；旅游产业规模化，加速旅游经济区域一体化；旅游产品结构体系化，整体包装联合促销；完善薄弱环节，加强人才队伍建设；挖掘特色资源，打造知名品牌。从产业空间结构优化来看，立足全省城镇化格局，开发城市旅游；彰显民族聚居地风情，强化区域特色；连接优势自然资源，形成生态体验专线；完善点、轴、圈-双三角的空间布局。最后，积极构建吉林省旅游产业结构优化的保障体系：一是组织保障，充分发挥政府主导作用；二是资金保障，进一步完善投融资体制；三是人才保障，优化旅游人才供给结构。

第七章：结论与创新。分析总结了本书的研究结论和创新点，并对今后的进一步研究提出作者的期望。

二、研究目标

通过对吉林省旅游产业结构的分析，借助旅游地理学、旅游经济学、理论地理学、系统科学等学科的相关理论与研究方法，探讨吉林省旅游产业优化的可行性。实证方面，从吉林省旅游产业结构优化入手，通过内部结构和空间结构的优化，提高整个吉林省旅游系统对外的旅游吸引力，实现区域的可持续发展。

三、研究意义

（一）理论意义

旅游产业所具有的综合性、产业关联性强、空间结构密切等特点，决定了其发展对推动我国产业经济结构的调整、促进产业结构的优化、推动相关产业的发展等将起到十分重要的作用。理论是实践的先导，也是对实践的纠偏。错误实践的展开不及时制止，会产生“超级油轮效应”：一辆满载的油轮执行 180°转弯的命令时，动力的原因，仍然会持续在原方向上移动一段距离。21 世纪的地缘政治学会越来越关注环境中的“超级油轮效应”，而且这也是最能概括下个世纪的特点——一个在全球范围内出现环境危机的世纪。为了将旅游产业结构不良所导致的“超级油轮效应”限制在较小幅度，开展相关的理论研究非常重要。在前人的研究基础上，本书主要在两个方面体现出理论意义：一是构建吉林省旅游产业结构优化模式，为旅游产业结构的优化研究提供理论基础；二是以产业结构优化为基点进而认识、分析、理解吉林省旅游经济运行的特征和规律，以地区产业研究的方式系统梳理旅游经济运行的规律，丰富旅游经济理论。

（二）实践意义

在分析吉林省旅游业发展特征和产业结构现状的前提下，对吉林省旅游产业结构及发展模式进行研究，将有利于吉林省选择合理的产业结构优化方案进而进一步促进其旅游产业发展。首先，通过对吉林省旅游资源、产业内部结构和空间结构的分析比较，有利于把握全省旅游资源的集聚效应，为行业管理者提供决策依据。其次，对吉林省旅游产业结构优化的研究，有利于优化城市景观和旅游功能，塑造良好的旅游形象，促进整体发展，引导吉林省旅游产业、经济产业的可持续发展。再次，提出吉林省旅游产业内部及空间结构优化的措施，有利于与周边省份和国家开展旅游合作，化竞争为合作，发挥区位优势，共同发展旅游业，提高整个区域的旅游综合实力。最后，为我国其他类似地区旅游产业发展提供有益的借鉴。

第四节　研究方法与技术路线

一、研究方法

（1）理论研究与实证研究相结合。引入麦金德所倡导的自然科学与人类研究相融合的方法。旅游产业结构优化研究以旅游产业内部结构和空间结构为基础，理清产业内部结构与区域空间结构重组的概念内涵，分析结构重组的规律性特征，从理论上提供本书研究基础支撑，并通过吉林省旅游产业进行实证研究，实现理论研究与实证研究相结合。综合运用哲学思辨、数理分析、计算模拟和实证检验相结合的方法，得到一个从理论出发，符合实际应用的研究成果。最后将理论落实到实践，以检验理论研究成果的实用性。

（2）定性与定量方法相结合。旅游产业结构优化具有定性特性和定量特征两个方面，运用定量化方法对旅游产业结构进行研究前，需要对旅游产业结构的定性特性有基本的认识，并正确地确定怎样用定量方法将旅游产业结构的特性表现出来。利用 Excel 等软件进行了数理统计分析，并对特殊旅游产业结构指标进行定量分析，提高了本书研究的科学性。

（3）微观分析与宏观综合结合。只有将产业的宏观整体与微观局部相结合，才能更好地了解产业的总体情况与发展趋势，更好地进行产业升级研究。

二、技术路线

根据上述研究目标、研究内容和研究方法等，本书采取如下研究技术路线（图 1-1）：首先，归纳总结国内外旅游产业结构研究的理论、方法与前沿问题，并界定相关概念。其次，分析吉林省旅游产业结构的现状，找出吉林省旅游产业结构优化的制约因素。最后，从产业和空间的角度提出吉林省旅游产业结构优化的路径，并提出吉林省旅游产业结构优化的对策建议。

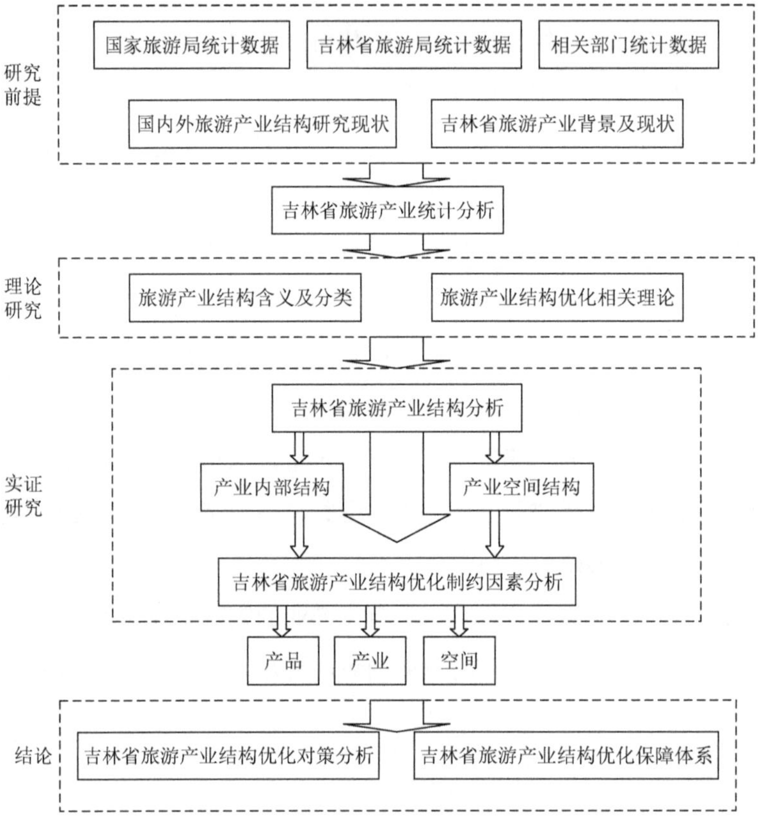

图 1-1　研究技术路线图

国家旅游局现为中华人民共和国文化和旅游部；吉林省旅游局现为吉林省文化和旅游厅

第二章　旅游产业结构的概念界定和相关理论

开展某一课题研究的基础性工作是对基本概念、理论前提和工作价值有一个清晰的学术自觉。所以在进入吉林省旅游产业结构优化的系统分析之前，本章首先对旅游产业结构的概念界定和相关理论进行系统的探究。

第一节　旅游产业结构的概念界定

一、旅游产业结构的含义

经过众多学者的探究，旅游业现已形成了被大众认可的内涵，在此基础上，旅游产业结构的内涵也被较为清晰地界定。20 世纪以来，世界各国的旅游产业都取得了较快的发展。关于旅游产业结构的定义非常多，但尚未有较明确统一的定义。在《土地大辞典》中，对旅游产业是这样定义的："为国内外游客提供旅行和游览服务的行业的总称。"[8]旅游产业是由旅游服务业与其直接、间接相关的行业和部门共同构成的综合性产业。关于旅游产业结构，《旅游经济学》定义为："旅游产业结构是指构成旅游业的饭店、餐饮、交通运输、旅游景点等各行业和部门在旅游经济中的地位、作用和经济技术上的比例关系。"[9]旅游部门所要研究的旅游产业结构，主要是指研究旅游业内部各行业之间的关系。在《新编旅游经济学》一书中是这样表述的："旅游产业结构系指旅游经济各部门、地区、经济成分、各个环节的构成与相互联系"，并进一步提出旅游产业结构主要包括旅游地区结构、组织结构、产品结构、所有制结构和行业结构[10]。张辉主编的《旅游经济论》是这样定义的："旅游产业结构是旅游经济各产业之间的生产、技术、经济联系和数量比例关系。"[11]

这里，为了直入主题而化繁为简，"取法乎上"，从权威性文献和作家的视角出发，首先确立旅游、产业、结构三个构成性概念的内涵，进而对其进行综合。

旅游，按世界旅游组织发布的《2008 年旅游附属账户：建议的方法框架》的界定，指“游客的活动以及其在购买商品服务时的一系列生产活动（需求方现象）和为迎合游客活动而采取的一系列活动（供给方现象）。旅游是一个涉及人口流动的社会、文化和经济现象”。这一定义的特点是直观地给出了旅游主要作为经济现象的需求-供给双重结构。

产业，一般指生产同类产品或服务的企业的集合。在人类的历史性经济活动中，产业分为第一产业（农业）、第二产业（工业）、第三产业（服务业），以及各类新型产业类型。三大产业内部或者说三大产业之间，呈现出一个明显的历史变迁过程。由表 2-1 和表 2-2 可知，无论是三大产业之间，还是每一产业内部，都存在着不断演化的事实与趋向。产业发展过程总是经济总量增长和产业结构转换相互作用、相互促进的过程。

表 2-1　不同时期三大产业所占地位

产业	前工业化时期	工业化初期	工业化中期	工业化后期	后工业化时期
第一产业	占主导地位	地位下降	维持	维持	维持
第二产业	有一定发展	占主导地位	占主导地位	地位下降	地位下降
第三产业	微弱地位	有一定发展但仍较弱	地位逐渐上升	占主导地位	占支配地位

表 2-2　三大产业内部产业结构的演变

第一产业	第二产业	第三产业
粗放型农业—集约型农业—绿色农业	轻纺工业—基础型重化工业—加工型重化工业	传统型服务业—多元化服务业—现代型服务业—信息产业—知识产业

结构，从系统论科学讲是指某个整体的各个组成部分的搭配与排列状态。而对于社会意义上的结构概念，则分歧极多，我们认为著名经济学家道格拉斯 · C. 诺思（下称诺思）的概括最切中要害，他认为，社会结构指的是被我们认为是基本上决定绩效的一个社会的那些特点[12]。诺思将结构视为决定绩效的关键性因素。产业结构是指产业间或产业内部各行业之间的关系结构。各产业部门的构成及相互之间的联系、比例关系不尽相同，对经济增长的贡献大小也不同[13]。因此，把包括产业的构成、各产业之间的相互关系在内的结构特征概括为产业结构。

在上述三个构成性概念的基础之上，将旅游产业结构（structure of tourism industry）

定义为：旅游产业各行业部门、各分布区域、各产品类型、各目标市场、各经济成分、各关联行业、资源开发结构、组织管理结构以及旅游经济活动各环节的构成及其相互之间的技术与比例关系。量的方面，为旅游产业各要素在规模上的比例；质的方面，为以旅游产业各要素之间投入产出为基本内容的关联。旅游产业结构所表现出的是一定时期旅游产业各种要素的组合状态。从这一含义出发，我们可以进一步概括出旅游产业结构的一般特点。

首先，旅游产业结构反映的是各个子产业之间的生产、技术与经济联系。从生产联系来说，在旅游经济内部，各个子产业之间相辅相成、互相依赖，经济规模的变化也与其他相关产业息息相关。典型的表现是饭店业、交通业、景区业的有机联系。就技术联系而言，高档的 A 子产业只有与相应的 B 子产业“门当户对”，才能发挥出自身的技术优势。就经济联系而言，各个产业之间形成了旅游经济链条，一荣俱荣，一损俱损[14]。

其次，旅游产业结构反映的是子产业之间的数量比例。从旅游投入角度看，旅游产业结构反映了各类生产要素在旅游经济各子产业之间的配置状况，如土地、资本、劳动力在各个产业中的分布。从旅游产出角度看，旅游产业结构反映的是旅游经济总产出在各个子产业之间的分布。

然后，旅游产业结构反映的是旅游产业实际运行的结果，是旅游产业发展动态的呈现。旅游产业结构的变动中蕴藏着研究旅游产业运行过程、规律、趋势的钥匙，将这种规律性认识升华为理论化的科学体系，就能够为运动过程中的旅游产业提供智力引导。

最后，由于旅游经济的综合性质，旅游产业结构也是我国国情的一种具体表现。旅游产业结构是一个国家经济、政治、社会、文化、生态、外交等条件共同影响的结果，如泰国的旅游产业结构、阿拉伯联合酋长国的旅游产业结构等，十分鲜明地反映了其国家文化，甚至构成了破解民族精神的密码。正如诺思所揭示的，“一种政治和经济制度结构的理论，必须与意识形态理论结合起来”。国情催生相应的旅游产业结构。

二、旅游产业结构的分类

旅游产业内部产业组成的层次性与交错性使得旅游产业结构的划分可以采取多种标准。对旅游产业结构进行进一步的细化分类非常重要，这是我们有效把握旅游产业结构优化的重要基础。正如结构主义大师列维-斯特劳斯所指出的："社会结构的研究毋宁说是一种方法。"

如果从静态的角度出发进行划分，同一时空的旅游产业结构大致可以划分为旅游行业（这里的"行业"即子产业）结构、组织结构、产品结构、空间结构等[15]。还有研究认为，旅游产业主要包括食、住、行、游、购、娱和通信七大要素。它们相互联系、相互支撑，共同为旅游产业的发展提供便利的服务和产品。如果从动态的角度出发进行划分，还可以有传统的景区业结构、新兴的文化创意-展会-旅游观光一体化的城市旅游产业结构、后现代性质的极限运动或丛林探险的户外旅游产业结构等[16]。显然，静态划分法与动态划分法是相互交叉的。从便利角度看，静态划分法是最有效的方法。

在经济学术语当中，产业时而与行业同义，即产业＝行业；时而是行业的上位概念，即产业＝该产业下辖的各行业（子产业）之和。因此，旅游行业结构又称狭义的旅游产业结构。行业结构是旅游产业结构中最基本的一种结构，主要包括旅行社业、景点业、餐饮业、商品业、娱乐业、旅游教育业以及带有旅游属性和功能的新兴文化创意产业等。按世界旅游组织发布的《2008 年旅游附属账户：建议的方法框架》的大旅游观，凡是能够为游客提供旅游供给的产业部门，其旅游产出都应统计入旅游卫星账户中。这就为我们扩大旅游行业结构的下属范围提供了依据[17]。

旅游产业的组织结构，是指构成旅游产业结构的各个行业、各个部门机构以及各个旅游企业机构的设置，主要内涵是运行制度、组织架构、执行模式和企业规模。我国的旅游产业发展起步较晚，市场经济化程度较低，导致旅游产业规模结构水平偏低，旅游企业的现代企业制度建设滞后。产权界定不清晰，计划经济时代的残留痕迹和思维模式还在起着历史惯性作用。这些问题的存在，影响了旅游产业经济效益的提高和旅游企业市场竞争力的提升。

随着旅游产业不断发展和市场需求的不断更新，游客对旅游产品的需求呈现出多样化和个性化的趋向。旅游产品结构又有广义和狭义之分：广义的旅游产品结构既包括旅游商品又包括旅游项目，狭义的旅游产品结构即旅游商品。一般而言，旅游产品指狭义来说，即旅游项目。旅游产品的生产本身，就旅游者的角度而言就是消费过程，就供给和需求的联结而言就是交换过程，因此具有生产、交换与消费的同步性。就旅游者而言，旅游产品的消费过程也就是其在旅游目的地各行业之间的游历过程。旅游产品的结构与旅游行业结构联系十分紧密，前者往往反映出后者的状况。以上旅游行业结构、旅游组织结构和旅游产品结构，以及与之具有紧密联系的旅游服务结构、旅游商品结构等统称为旅游产业内部结构。它的含义是涵盖各个国家、各个地区旅游产业的具有普遍存在属性的经济结构。

旅游产业结构分类中的另一大部类是旅游产业空间结构。将上述旅游产业结构分类进行直观表述就是：旅游产业结构第一大种类——旅游产业内部结构 = 旅游行业结构 + 旅游组织结构 + 旅游产品结构 + 其他内部结构；旅游产业结构第二大种类——旅游产业空间结构 = 旅游地区结构 + 其他空间结构[18]。

本书将从这两大种类的基本知识框架出发来构建研究体系，但是，旅游产业组成的层次性与交错性使得旅游产业结构的划分可以采取多种标准，所以在具体研究过程中又不局限于上述二分法。具体来说：在本书的第三章中，将从旅游产业内部结构和空间结构两个方面，分析吉林省旅游产业结构的基本现状，并以行业结构为主体进一步分析吉林省旅游产业内部结构（旅行社业、饭店业、景区业和旅游商品业），再以地区结构为主体进一步分析吉林省旅游产业空间结构（中部城市，东部森林、生态、民俗与边境，西部草原与湿地）。进而，从旅游产业内部结构中的市场结构角度出发，分析吉林省旅游产业卫星账户需求系统与供给系统的构建问题。第四章将从旅游资源赋存、旅游人力资源、旅游资本供给、旅游科技水平、旅游投资结构入手，分析吉林省旅游产业结构优化的制约因素。第五章将从政府驱动、市场驱动、企业驱动出发，探讨吉林省旅游产业结构优化的路径研究，再从产品优化、产业优化和空间优化出发，探讨吉林省旅游产业结构优化的具体内容。第六章将从产业内部结构和产业空间结构两个方面入手，探讨吉林省旅游产业结构优化的对策建议，再从组织保障、资金保障和人才保障三个方面入手，分析吉林省旅游产业结构优化的保障体系。

三、旅游产业结构优化的含义

旅游产业结构的优化，有其特定的含义。这一含义包括普遍性和特殊性两个层面：从普遍性层面看，它满足产业结构优化的一般规定；从特殊性层面看，它又具有不同于其他产业的个别规定。

在普遍性层面，产业结构优化的一般规定也是旅游产业结构优化的题中应有之义。诺贝尔经济学奖得主诺思认为，"决定经济绩效和知识技术增长率的是政治经济组织的结构。人类发展的各种合作和竞争的形式及实施将人类活动组织起来的规章等那些制度，正是经济史的中心"[19]。可见，产业结构优化构成了经济发展的核心。产业结构优化，是指各产业实现协调发展，并满足社会不断增长的需要的过程。推动产业结构优化的主要动力是需求变化和科技进步，以及管理模式变化。产业结构优化是一个动态的过程，一般将其分析为产业结构合理化和高级化两个维度[20]。2005 年，国务院出台了《促进产业结构调整暂行规定》，提出了我国产业结构调整和优化的目标，即产业结构合理化和高级化的具体目标。学界也有划分为合理化、高级化和高效化三个维度的观点。产业结构的合理化，侧重于资源配置的调节，主要是指产业与产业之间协调能力的加强和关联水平的提高。产业结构的高级化，侧重于产业结构的纵向提升，主要指随着经济的发展和市场的变化，按照产业结构演进的一般规律，不断地向更高方向演进的过程[21]。高级化会造成暂时性困境，但是，正如凤凰涅槃、雄鹰断喙一样，这是一个否定之否定的过程。高级化主要是指产业结构从低水平状态向高水平状态的跨越，其过程就是以知识技术代替资源的原有消耗方式推动经济增长的过程。有学者将产业结构高效化从产业结构优化内涵中单独提出来进行分析。产业结构的高效化，侧重于经济效率的提升，是指产业结构效率不断提高[22]。

在特殊性层面，旅游产业结构优化有其内在属性，而不同于其他产业优化的含义：旅游产业结构优化，是旅游产业中的生产要素合理配置、行业协调发展、结构不断健全、产品升级换代、空间格局日益完善的过程[23]。旅游产业结构优化是旅游业发展在单纯规模增长之后所要经历的第二个重要阶段，是旅游经济持续增长的助动器。旅游产业结构的合理化，是指旅游产业的稳定发展达到一定程度后就必然会带来资源要素在产业内配置格局的改变，即旅游产业结构的有序性、阶段性变化。在传统景区业的维护发展上，要实现旅游方式的信息化升级；在新兴旅游产品的开发上，要以文化创意带动产业结构更新，使高效率产业部门的比重不断增大[24]。这是一个动态过程，使旅游的社会资源由低效行业向高效行业转移。旅游产业结构高效化的表现是结构规模由小变大、结构水平由低变高、结构联系由松变紧。从结构运行和演进机制看，旅游产业结构高效化又有一系列的典型标志[25]：一是高需求收入弹性、高附加值的行业发展速度加快，如近年来吉林省的动漫旅游行业；二是企业多元化经营的范围日益广泛，如饭店业与娱乐业、洗浴业、商店业的功能细化；三是科技进步在产业结构运行中所起的作用明显提高，如信息化管理在旅游组织中的日益实施，经济增长对专业技术队伍的依赖大大增强；四是产业规模经济的利用程度上升；五是产业结构对市场需求的适应性显著增强，旅游产品差别化定价程度高，能够基本满足各方面、各层次需求，从而在整体上保持均衡运行。

第二节　旅游产业结构的相关理论

探讨吉林省旅游产业结构优化问题，离不开对研究范式的自觉。因此，本节拟概要梳理旅游产业结构的相关理论，并对这些理论进行借鉴应用。有研究认为，“旅游学”还构不成一门独立的、体系化的专门学科，而是一个有机组合的学科群，研究范围包括旅游发展战略、旅游法规政策、旅游规划制定、旅游管理组织、旅游生态环境和文化保护、旅游产业结构、经济可持续发展等[26]。其中，旅游产业结构理论以旅游行业、旅游组织、旅游产品、空间格局之间的技术经济联系为研究对象。以下对国内外旅游产业结构相关理论的梳理，并不是泛泛而谈，而是从本书研究需要出发，择取重要的、本书予以重点借鉴应用的各个理论。这些理论按照上文所进行的旅游产业结构分类标准来衡量，大致分为两类：一是旅游产业空间结构的理论资源，主要包括中心地理论、核心-边缘理论、增长极理论、点-轴开发理论；二是旅游产业内部结构的理论资源（同时也涉及空间结构优化问题），主要为可持续发展理论。

一、中心地理论

前文提及，旅游产业结构从静态角度可以划分为内部结构与空间结构。产业集群理论侧重从内部结构角度探讨旅游经济问题，而中心理论等则侧重于从空间结构角度探讨。旅游空间结构研究实质上就是以跨区域的视角探讨区域旅游业增长的问题。国外学者对旅游地理空间结构进行的研究始于20世纪60年代。这里，我们从本书研究需要出发，引入几种重要的空间理论进行探讨[27]。首先是中心地理论。中心地理论可以称为旅游空间结构各个理论的共同鼻祖。克里斯塔勒的《德国南部中心地原理》这部巨著，奠定了中心地理论的基石。这一理论随即扩展为地理学、经济学、旅游学等诸多相关学科的研究热点和研究范式。克里斯塔勒认为："无论是在无机界还是有机界中，质量围绕某一核心——中心区的凝聚，是应归属在一起的事物之等级序列的一种基本形式——集中型等级序列"。这种等级序列不仅仅是根据人们建立秩序的需要，作为一种思维方式，存在于人类思维世界中，而且它确实存在于物质内部结构的外面[28]。1940年马利奥德在《旅游经济讲义》中，提出"旅游吸引中心理论"。中心地理论与经济地域系统理论具有重要的理论契合与互馈，经济地域系统理论作为区域经济地理学的重要基础理论，对理解和认识中心地系统具有重要的作用[29]。因此，本书从中心地理论与经济地域系统理论的对接中开展吉林省旅游产业结构优化研究。一是应用这一理论理解吉林省各个旅游功能区的分工与联系。中心地系统具有动态性特征、等级性和尺度差异特征、圈层异质性与多向性特征、重叠与嵌套特征、再集聚特征等。在吉林省的旅游产业空间结构中，既存在着传统优势地区与非优势地区的明确布局，又有着传统优势地区衰落和非优势地区逐渐兴起的趋势。中心地系统作为具有复杂性的地域经济系统，在条件变化下，会呈现出扩散域的重叠、嵌套、轮空、扩大、再集聚等多种空间层次变化特点。这就要求在历史的长河中来把握整个省域旅游产业的布局。二是积极发挥“辐射”的效应。中心地具有社会意义上的能量辐射功能，经济发展水平和现代化程度相对较高的地区，对经济发展水平和现代化程度相对较低的地区进行着资本、人才、技术等方面的传播。本书在产业空间结构优化的措施一节（第五章第二节）中，将重点用辐射理论来解释农村城镇化、旅游边缘地带借力发展等问题。

二、核心-边缘理论

与中心地理论具有亲缘传承关系，而又有所发展的是核心-边缘理论。1966年，弗里德曼在他的学术著作《区域发展政策》中，系统地提出了“核心-边缘”这一理论。弗里德曼认为，“任何一个国家都是由经济发展水平较高核心区域和经济发展较为落后边缘区域组成的”。核心居于统治地位，但核心区与边缘区的空间结构地位不是一成不变的[30]。若核心区与边缘区的边界发生变化，区域的空间关系会不断调整。之后，缪尔达尔和赫希曼也对这一理论的发展做出了重要贡献[31]。在应用到旅游经济研究方面，Lundgren 强调了在旅游行为中边缘区对核心区的依赖[32]。核心-边缘理论的价值，在于提供了一个关于区域空间结构和形态变化的解释模型，并且把这种区域空间结构关系与经济发展的阶段相联系[33]。吉林省中部经济发达，城市发展水平高，东部山区的自然资源优势明显，西部草原、湿地开发程度较低。显然，长春市就是吉林省典型的旅游核心区域，而周围地区的旅游业发展构成其边缘地带。旅游中心之间空间竞争的存在形成了旅游外围腹地的空间层次，进而形成旅游核心-外围的空间结构。在本书产业空间结构优化的措施中，旅游经济圈思路的探讨正是立足于核心-边缘理论而展开的。

三、增长极理论

法国经济学家弗朗索瓦·佩鲁通过对实际经济活动的观察，认为“增长并非同时出现在所有地方，它以不同的强度首先出现于一些增长点或增长极上，然后通过不同的渠道向外扩散，并对整个经济产生不同的影响”[34]。影响包括导致极化效应和扩散效应。经过法国的布代维尔、瑞典的缪尔达尔和美国的赫希曼等诸多经济学家的发展和完善，增长极理论如今已经成为区域经济发展学说的基本理论之一[35]。可见，增长极理论与中心地理论、核心-边缘理论等在本质上一样，都是对经济社会非均衡发展规律的概括总结，区别在于研究角度、研究侧重点和研究案例等不同，以及在实践应用上的具体化。

四、点-轴开发理论

我国经济地理学家陆大道对“点-轴”空间结构系统进行了分析，并认为：点-轴开发模式是在大量的区域发展经验基础上总结的，是普遍规律[36]。“点”是各级中心地，“轴”是由交通干线、通信干线、能源输送线和水源干线联结起来的“基础设施束”。其模式发展有利于城市之间、区域之间、城乡之间便捷地联系，顺应了经济发展在空间上集聚成点并沿轴线渐进扩散的客观要求，在我国国土开发和区域发展中广泛应用，对于中小尺度的区域旅游开发同样具有重要的现实意义[37]。在本书产业空间结构优化的措施研究中，我们将以这一理论为基础探讨长春—吉林—延吉作为旅游经济增长极的地位，以及轴线涉及区域旅游发展战略和对策。

五、可持续发展理论

无论旅游产业的内部结构还是空间结构优化问题，都是建立在资源赋存、生态平衡和长期预期、代际公平诉求基础上的[38]。这就使得可持续发展理论成为研究旅游产业结构调整问题的一大核心理论基石。大卫·哈维认为，在很多情况下，地理学中的含糊性，部分是从不同科学领域中获取灵感的结果[39]。人文地理学者常常借鉴人类生态学中发展起来的概念，但甚至在人类生态学内也已有了明显的变化，出现了各种思想。这就意味着，必须以大视野来研究地理学-旅游学问题，积极引入事关人类社会发展全局的宏观战略思想[40]。

可持续发展理论就是这样的战略思想。在西方马克思主义阵营中，随着对资本主义社会批判的深入，人与自然的关系问题成为一个研究热点。法兰克福学派第二代代表人物施密特认为，人的活动自身则是人生存的自然条件，因而是自然的自身运动[41]。施密特认为，人与自然的关系经历了两种逻辑上的演进[42]。这就是指自然界在人类改造的基础上成为有意义的存在。另外，物质交换以自然被人化、人被自然化为内容。人必须担负起引导自然发展沿着人与自然关系和谐、自然与人实现永续发展的轨道的责任。当代兴起的生态主义思潮，不断向人类中心主义挑战。蕾切尔·卡森认为，“控制自然”这个词是一个妄自尊大的想象产物[43]。罗尔斯顿认为：生态的观点否定了现代文学中把自然视为需要人来监管的异化[44]。在这样的连续启蒙之下，世界环境与发展委员会（World Commission on Environment and Development，WCED）于 1987 年发表了题为《我们共同的未来》的研究报告[44]。1996 年，国务院办公厅下发了《关于环境保护若干问题的决定》[45]。科学发展观在生态问题层面上，与国际可持续发展思想是一致的。理论界指出，可持续旅游发展兴起的原因在于旅游发展给生态环境带来的负面影响以及人们对发展旅游业的片面认识等[46]。对于人们对发展旅游业片面认识的分析，他们主要剖析人们传统的“旅游业是无烟无污染工业”等错误认识。

吉林省旅游业发展同样存在着可持续发展与短期行为的矛盾问题。只有实行可持续旅游发展战略，才能解决以上旅游业发展中的问题。这些分析都为可持续旅游的兴起奠定了很好的理论基础，但这些理论的一个严重不足是仅仅关注旅游业自身发展问题而忽视人们对旅游服务质量需求不断上升的问题。吉林省在东北老工业基地振兴的浪潮中，社会经济迅猛发展，社会经济形态不断升级演变，人们对工作生活及旅游服务质量的需求也不断上升。如何维护好需求增长与保护生态之间的平衡，是一个重大的课题。以上只是本书所重点参照的一些相关理论。在引入旅游产业结构相关理论的同时，有两个问题是应当注意的：一是对于夸大其词的旅游产业膨胀论，我们应予以反思。旅游经济是典型的“注意力经济”，在“旅游业是无烟产业”等一系列不实言论的误导和鼓动下，某些媒体不求甚解，断章取义地报道。这种产业热理论上是不科学的，实践上是有害的。二是要从吉林省旅游产业的实际情况出发，再借鉴相关研究成果，因为外国的旅游理论不一定全适合中国，中国其他地区的旅游理论不一定全适合吉林省。在这里，正如列宁所提出的方法论准则——必须反对一切死套公式和由上面规定划一办法的企图。

第三章 吉林省旅游产业结构现状分析

改革开放以来，吉林省旅游业从无到有、从小变大，对经济贡献呈现出上升的趋势。进入21世纪后，随着东北老工业基地振兴战略的实施，旅游业等第三产业发展尤为迅速。目前，吉林省初步形成了体系化的旅游产业内部结构，景区业、旅行社业、饭店业和旅游商品业之间的有机联系不断加强，形成了东部山林旅游圈、中部城市旅游圈和西部草原湿地旅游圈的总体空间格局。而吉林省旅游产业的内部结构与空间结构，都存在着应予调整优化的大量问题。

第一节 吉林省旅游产业结构的总体特征

一、基本资源

根据属性旅游资源可以划分为自然旅游资源和人文旅游资源两大类。当然，许多旅游资源也是自然旅游资源与人文旅游资源的合璧，因此下述划分只是就主要方面而言。吉林省有着众多的自然旅游资源，表3-1为吉林省2013年自然保护区名录。其中，冰雪旅游资源和水体旅游资源十分突出。吉林省的另一类旅游资源是人文旅游资源。说明吉林省的自然旅游资源非常丰富，这一点是没有疑问的，然而在以往的宣传中，夸大了吉林省的人文旅游资源，是不合实际的。由于历史上北方游牧民族统治，吉林地区所留下的人文古迹非常有限，与沈阳为核心的辽宁地区不可同日而语，更无法与山海关以内地区相比。笔者认为，吉林省应正视这个事实。这样做并不是要取消或忽视对人文资源的开发，恰恰相反，是要以真实的历史文化底蕴为基石，扎扎实实地发掘富有特色的人文资源，提高吉林人的文化“中气”，充分发掘吉林省的民俗风情资源就是一种理性的选择。反过来讲，不顾吉林省的历史文化定位而夸大人文资源优势，则会产生让人质疑乃至讪笑的事情。

表 3-1　吉林省 2013 年自然保护区名录

序号	保护区名称	行政区域	面积/km^2	主要保护对象	类型	级别	始建时间	主管部门
吉 01	波罗湖	农安县	24 915	湿地生态系统及珍稀水禽	内陆湿地	国家级	2004.10.25	林业部
吉 02	松花江三湖	吉林市	115 253	森林、水域生态系统	森林生态	国家级	1990.02.13	林业部
吉 03	松花江三湖	吉林市	1 029 458	森林、水域生态系统	内陆湿地	省级	1990.02.13	林业部
吉 04	左家	吉林市	5 544	天然次生林	森林生态	省级	1982.05.01	林业部
吉 05	关门砬子	桦甸市	10 800	湿地生态系统	内陆湿地	县级	1993.05.01	水利部
吉 06	四平山门中生代火山	四平市	123	中生代白垩流纹岩火山构造及典型火山地貌	地质遗迹	省级	1984.06.01	国土资源部
吉 07	伊通火山群	伊通满族自治县	765	火山地质遗迹	地质遗迹	国家级	1983.10.22	环境保护部
吉 08	北大顶子	通化市东昌区	144	森林生态系统及野生植物	森林生态	市级	1991.12.01	其他
吉 09	石湖	通化县	1 506	森林及野生动植物	森林生态	省级	1993.12.01	林业部
吉 10	湾湾川	通化县	19 200	湿地生态系统	内陆湿地	市级	1991.12.06	水利部
吉 11	龙湾	辉南县	15 061	湿地、森林、火山湖	内陆湿地	国家级	1991.08.01	林业部
吉 12	大西岔参场	柳河县	470	森林及野生植物	森林生态	县级	1984.09.10	农业部
吉 13	哈泥	柳河县	22 230	湿地生态系统	内陆湿地	国家级	1991.12.06	林业部
吉 14	柳河罗通山	柳河县	1 033	森林及野生动植物	森林生态	省级	2010.05.14	林业部
吉 15	鹿场	柳河县	394	森林及野生动物	森林生态	县级	1984.09.10	农业部
吉 16	文字岭	集安市	6 867	森林生态系统及自然遗迹	森林生态	县级	1992.06.01	林业部
吉 17	三道沟刺楸林	白山市八道江区	1 220	森林生态系统及刺楸林	森林生态	市级	1983.01.01	林业部
吉 18	抚松野山参	抚松县	8 316	森林及野生动植物	森林生态	省级	2010.05.14	林业部
吉 19	靖宇地质遗迹	靖宇县	42 325	火山群地质遗迹	地质遗迹	省级	2002.11.01	国土资源部
吉 20	鸭绿江上游	长白朝鲜族自治县	20 306	珍稀冷水性鱼类及其生境	野生动物	国家级	1996.10.01	水利部
吉 21	大阳岔	江源区	150	寒武纪奥陶系地层剖面	地质遗迹	省级	1985.09.01	国土资源部
吉 22	白山原麝	临江市	12 453	原麝等野生动物及其生境	野生动物	省级	2006.12.29	林业部
吉 23	查干湖	前郭尔罗斯蒙古族自治县	50 684	湿地生态系统及珍稀鸟类	内陆湿地	国家级	1986.08.02	水利部
吉 24	腰井子羊草草原	长岭县	23 800	羊草草原	草原草甸	省级	1986.11.18	农业部

续表

序号	保护区名称	行政区域	面积/km^2	主要保护对象	类型	级别	始建时间	主管部门
吉 25	大布苏	乾安县	11 000	泥林、古生物化石及湿地生态系统	地质遗迹	国家级	1993.01.01	国土资源部
吉 26	扶余洪泛	扶余县	61 010	湿地生态系统及珍稀鸟类	内陆湿地	省级	2009.07.22	林业部
吉 27	莫莫格	镇赉县	144 000	珍稀水禽、野生动植物及湿地生态系统	野生动物	国家级	1981.03.08	林业部
吉 28	包拉温都	通榆县	62 190	湿地生态系统	内陆湿地	省级	2002.12.01	林业部
吉 29	向海	通榆县	105 467	湿地及丹顶鹤等珍稀水禽	内陆湿地	国家级	1981.03.09	林业部
吉 30	凤梧	图们市	4 150	湿地生态系统及野生动植物	内陆湿地	县级	1991.11.01	水利部
吉 31	黄泥河	敦化市	23 476	森林及山地植被垂直带	森林生态	省级	2000.04.01	林业部
吉 32	六顶山	敦化市	300	森林及野生动植物	森林生态	县级	1991.11.20	林业部
吉 33	雁鸣湖	敦化市	53 940	湿地生态系统	内陆湿地	国家级	1991.11.20	林业部
吉 34	珲春东北虎	珲春市	108 700	东北虎、远东豹及其生境	野生动物	国家级	2001.10.22	林业部
吉 35	天佛指山	龙井市	77 317	松茸及森林生态系统	野生植物	国家级	1996.05.13	林业部
吉 36	汪清	汪清县	42 756	森林生态系统	森林生态	省级	2002.12.01	林业部
吉 37	吉林长白山	安图县、抚松县、长白朝鲜族自治县	196 465	森林生态系统及野生动植物	森林生态	国家级	1960.04.01	林业部
吉 38	长白松	安图县	112	长白松林	野生植物	省级	1985.04.24	林业部
吉 39	吉林长白山	安图县、抚松县、长白朝鲜族自治县	196 465	火山地貌景观和森林生态系统	森林生态	国家级	1960.04.01	林业部

从人文旅游资源来看，吉林省形成了一些典型代表旅游资源，如长春伪满皇宫博物院、长春世界雕塑公园、集安市高句丽文物古迹旅游景区、长春市长影世纪城、通化市杨靖宇烈士陵园，以及安图县红旗朝鲜族民俗村等，这些人文旅游资源为吉林省旅游业发展提供了资源基础。综合分析，可将吉林省旅游产业的发展优势概括为资源、区位和政策三个方面。首要的就是资源优势。吉林省旅游资源具有独特性、完备性；人文景观文化品位较高；气候优势明显，冬季雪期长、雪质好，开展冰雪旅游的条件优越。吉林省比较具有优势的旅游资源为长白山森林生态旅游资源、冰雪旅游资源、民俗文化旅游资源等。吉林省应当充分发挥资源优势，大力促进旅游产业结构优化升级。

二、发展历程

与改革开放以来的中国命运一样，吉林省旅游业也经历了一段史诗般的发展历程。以改革开放为起点，可以将吉林省旅游产业的发展历程概括为初创、探索、起步和发展四个大的历史阶段。

（一）初创阶段——1978～1979 年

改革开放之前，吉林省基本上没有旅游业。1978 年 4 月，中共中央、国务院做出关于大力发展旅游事业的指示，吉林省委决定成立吉林省旅行游览事业管理局，负责统一领导中国国际旅行社长春分社、省华侨旅行社和省中国旅行社，属“局社合一”体制[47]。这一点体现出强烈的计划经济色彩。此时的吉林省旅游业还不具备完整的产业结构体系。1978 年，吉林省接待国际游客 6733 人次，旅游创汇约合人民币 100 多万元。1979 年，吉林省旅游业基本在 1978 年的各项条件下运行。

（二）探索阶段——20 世纪 80 年代

“六五”期间，吉林省旅游业开始蓬勃发展。1983 年 4 月，吉林省旅行游览事业管理局改称吉林省旅游局。1984 年 11 月，吉林省召开全省旅游工作会议，确定了发展旅游事业以长春市、吉林市和长白山为重点的初步设想[48]。两市一山的布局，奠定了整个吉林省旅游业空间结构的基础，直至今日仍然是全省旅游大格局的核心框架[48]。“六五”期间，吉林省的旅游经济指标呈现出巨大进步。全省累计接待外国人、外籍华人、华侨、港澳台同胞共 56477 人次，旅游创汇合人民币 1521 万元，旅游接待能力也有了明显提高。

“七五”期间，吉林省旅游业继续快速发展，基本形成了较为完整的产业链条。1987 年 1 月，吉林省政府成立了省旅游协调小组。1988 年 9 月，成立了吉林省旅游事业委员会，原协调小组撤销，组织机构设置更趋合理。“七五”期间，吉林省旅游经济指标又有了较大提升。全省累计接待海外旅游者 18.14 万人次，旅游外汇收入累计达 1759.2 万美元，全面、超额完成了“七五”旅游发展计划[49]。到“七五”末期，产业结构各类型初步形成。在旅行社业方面，全省有一类旅行社 2 家，二类旅行社 20 家，三类旅行社 6 家。旅游饭店业方面，旅游涉外饭店 35 家，星级的饭店达到 27 家。旅游商品业方面，旅游涉外定点购物商店 24 家，定点餐馆 17 家。全省旅游业已初具规模，为后来的旅游产业结构发展奠定了基石[50]。

（三）起步阶段——20 世纪 90 年代

“八五”期间是吉林省旅游产业结构进一步完善的时期。1991 年，国家旅游局公布了第一批国线旅游景点和专线景点。吉林省榜上有名的有伪满皇宫、长白山胜景等。这些景点和专线，为吉林省旅游交通动脉的形成确立了基点。1992 年举办的中国友好观光年活动，尤其是中国吉林雾凇冰雪节、中国长春电影节、中国延边朝鲜族民俗节三大节庆活动的举办，在全国产生一定影响[51]。吉林省的旅游开始在全国范围打造特色品牌。1993 年是吉林省重力打造旅游品牌之年。吉林省提出并实施旅游发展新战略，即开发东起珲春市，沿图们江、鸭绿江，到集安市的“边境旅游开发带”；推出和完善“十八条旅游线”，即“14318 旅游工程”[52]。

“九五”期间，吉林省旅游业开始着重做大做强。1996 年，吉林省旅游局从实际出发，重点开发韩国、日本及东南亚市场。西坡是自长白山北坡之后的第二条登天池线路，具有安全、独特、景观丰富的新特点，为后来的长白山旅游奠定了第二块空间选择。1998 年，吉林省旅游业从一般服务业的附属地位中摆脱出来。这一年，吉林省的宣传力度也明显加大，培育新的经济增长点。省会长春市成为首批中国优秀旅游城市和全国重点旅游城市（全国共 25 个）。发展中的旅游产业急需加强规范管理，为此，吉林省旅游局制定了《吉林省旅游管理办法》，于 2000 年 2 月 25 日发布施行[53]。吉林省将长春市东南部的山林湖泊净月潭予以重点开发，2000 年，长春市净月潭风景区被中央文明办、建设部、国家旅游局授予

“全国文明风景旅游区示范点”称号[54]。目前，净月潭已经被评为国家 5A 级景区。“九五”期间，吉林省的景区业实现了大发展。

（四）发展阶段——21 世纪以来

21 世纪以来，吉林省加大了对旅游景区和配套服务设施建设的投入，旅游业发展呈现良好势头，入境、国内、出境三大旅游市场发展较快。

“十五”时期的吉林省旅游产业：“十五”时期是吉林省旅游业快速发展的阶段，旅游经济总量持续快速增长，旅游产业地位显著提升。吉林省旅游产业结构的完善日益加快。旅游经济主要指标快速增长。2000～2005 年，全省接待旅游总数从 1831.5 万人次增长到 2887.99 万人次，年平均增速 9.54%。旅游业总收入占全国的份额由 1.26%提高到 2.98%[55]。全省投资千万元以上的大项目有 150 个，共完成投资 250 亿元。旅游业已达到支柱产业的标准。此阶段，旅游通信的发展尚不成熟。

“十一五”时期的吉林省旅游产业：旅游业快速发展，旅游大项目形成集聚效应。数据表明，“十一五”时期吉林省旅游产业发展态势良好，超额完成了各项计划指标。这一时期吉林省旅游经济发展的成就较 “十五”时期，通信要素进步显著，食、住、行、游、购、娱和通信七大要素的行业格局建立起来，从而跟上了信息化社会对旅游产业的步伐要求。“十一五”时期，吉林省各地区的旅游经济效益依然呈现出非均衡态势。这种状况有一定的必然性。各个地域的条件因素、历史文化背景与经济发展水平等的差异，构成不同类型和特点的旅游地域[56]。同时，这种历史的合理性也会转变为历史的片面性。无论是共同富裕的社会主义伦理诉求，还是经济可持续发展的空间要求，都将发展的方向指向了非发达地区，因此平衡各地的旅游经济发展，调整全省旅游空间格局，就成为一项重要任务[57]。

“十二五”时期的吉林省旅游产业：全省旅游业呈现出强劲的发展势头，2011 年接待游客总数为 7641.30 万人次，同比增长 17.72%；实现旅游总收入 929.33 亿元，同比增长 26.81%[58]。2011 年外汇旅游总值达到 38528 万美元，GDP 达到 1561.13 亿美元；2012 年外汇旅游总值达到 49 477 万美元，GDP 达到 1899.49 亿美元[59]；2013 年外汇旅游总值达到 55 237 万美元，GDP 达到 2106.59 亿美元；2014 年旅游外汇收入达到65 390万美元[60]。在市内交通发展方面，2014年10月末，吉林省委长春市“两横三纵”快速路开始投入运营，由此编织的立体交通网，极大地改善了长春市的市内交通，也为整个吉林省旅游交通的发展提供了枢纽性的作用。在娱乐住宿方面，2011～2015年万达影城在整个长春市呈现出遍地开花的发展态势，带动了娱乐业的发展。

“十三五”时期的吉林省旅游产业规划设计：根据《中共吉林省委 吉林省人民政府关于加快建设旅游支柱产业的意见》(2014年6月14日发布)，到2017年，全省接待游客达到1.7亿人次。到2020年，全省接待游客达到2.4亿人次，旅游总收入达到 4500 亿元[61]。吉林省的文化名片随之发生重大变化。以往，人参、鹿茸、貂皮、乌拉草等“东北三宝”或“四宝”几乎成为对外宣传的主要谚语[62]。如今，吉林省的文化名片日益丰富，古老谚语日益失去了垄断性的地位，从而使吉林省的旅游品牌以更加开放的姿态面向全国乃至世界。

三、内部结构

近年来，吉林省的旅游产业内部结构日益完善，旅游行业结构、旅游组织结构、旅游产品结构等均已形成一定规模，按食、住、行、游、购、娱和通信七大要素的标准来看，也已经形成了有效运行的有机体系。产业内部结构要素之间相互联系、相互支撑，共同为旅游产业的发展提供便利的服务和产品。与此同时，吉林省旅游产业的内部结构呈现出几个特点[63]：一是旅游产品结构进步明显，开发水平不断提高；二是旅游市场开拓能力显著增强；三是食、住、行、游、购、娱和通信七大要素所构成的行业发展格局初步形成并不断成熟，行业协调机制正常运转。尤其是通信要素，在近年来的发展中非常突出。截止到2013年，长春市的118114咨询热线已经较为成熟，基本能够满足市民和游客对交通信息、住宿娱乐等的查询要求。比对旅游产业内部结构的基本要素，吉林省已经具备了较为完善的旅游产业体系，发展前景十分乐观。当然，吉林省在航空客运、高速铁路建设方面还存在短板，需要在下一阶段的工作中予以关注和调整[64]。

旅游产业结构与其他社会结构一样，总是随着人们实践活动的日益丰富展开而不断调整的，如图 3-1 所示。在市场经济日益深入的当今时代，吉林省旅游产业内部结构的调整方向应是从机械团结向有机团结过渡。社会学家涂尔干指出，一种具有机械团结特性的社会结构是存在的，它就是由彼此相似的同质环节共同构成的一个体系……旧的结构只要存在下去，新的结构也就会反抗下去，这就是它寿终正寝的真正原因[65]。不可讳言，建立适应市场经济体制的旅游产业内部结构，吉林省还有漫长的路要走。需要注明的一点是，本书在后面关于吉林省旅游产业内部诸要素的分析、优化对策的探讨，并不完全是按照上述产业结构划分法来展开的，而是用相互交叉、相互融合的方法来把握。这是因为，各个行业的并列关系尽管在范畴归类方面具有较强的科学性，而在实际发展中则应遵从整体性原则，从吉林省旅游产业的宏观发展层面来探讨其各自的地位、作用、特色、短板、完善方向等。

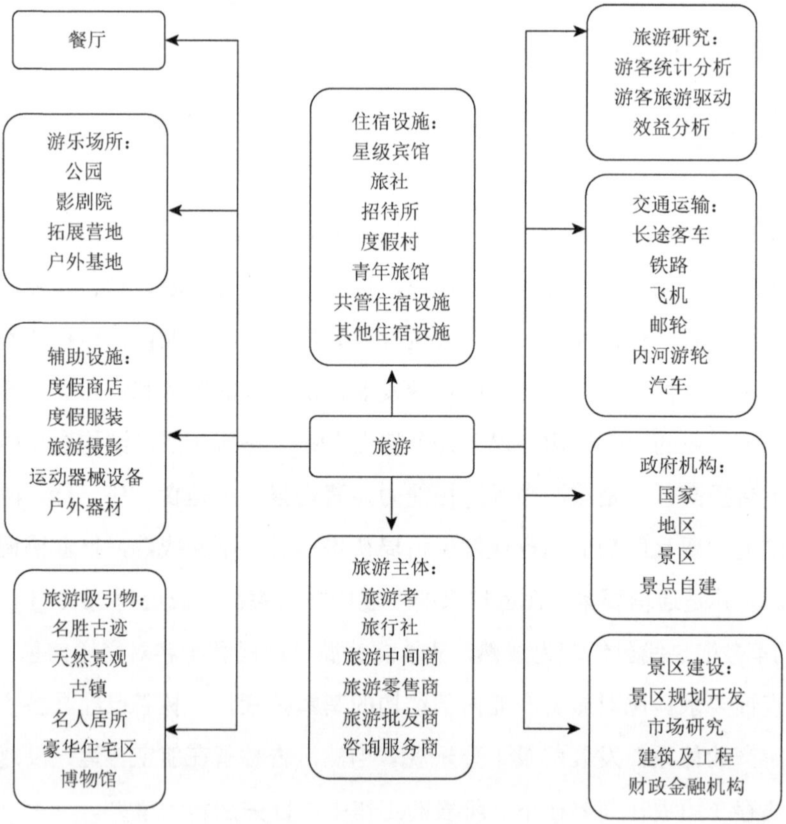

图 3-1　旅游产业部门结构图

四、空间格局

吉林省内的旅游空间结构呈现出非均衡格局。单从数量来看，长春、吉林、延边、白山等地的旅游资源蕴含丰富，辽源、四平相对稀少，如图 3-2 所示。当然，数量与旅游吸引力并不能完全等同，一些地区尽管景区数量较少，但特色鲜明，旅游魅力很大。

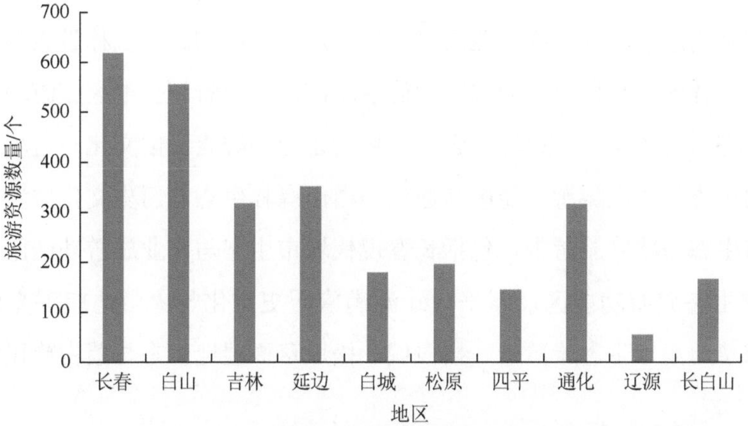

图 3-2　吉林省 2013 年旅游资源数量分区比较图

从自然旅游资源与人文旅游资源的分布来看，分布并不均衡。例如，长春的自然旅游资源较为稀缺，但人文旅游资源列居第一；而长白山的自然旅游资源十分丰富，人文旅游资源相对较少（表 3-2）。

表 3-2　吉林省 2013 年旅游资源分布概况

地区	自然旅游资源/个	人文旅游资源/个	合计/个
长春	71	548	619
白山	164	391	555
吉林	108	210	318
延边	83	269	352
白城	45	135	180
松原	33	163	196

续表

地区	自然旅游资源/个	人文旅游资源/个	合计/个
四平	17	128	145
通化	85	232	317
辽源	5	51	56
长白山	105	62	167
合计	716	2 189	2 905

吉林省旅游空间结构，可以概括为“十”字形，即横向轴线和纵向轴线，两条轴线交叉构成了吉林省旅游业的“十”字形空间结构。在吉林省旅游业的总体布局上，吉林省将长白山作为独立的旅游功能区。全省划分七大旅游功能区：东部森林生态与民俗文化、边境旅游带，包括延边朝鲜族民俗文化与边境旅游功能区、长白山森林生态旅游功能区和通化—白山森林生态与历史文化旅游功能区；中部城市生态与冰雪旅游带，包括长春现代城市生态与产业旅游功能区、吉林冰雪与湖泊生态旅游功能区及四平—辽源满族历史文化与火山地貌观光旅游功能区；西部草原湿地生态旅游带，指白城—松原草原湿地生态与蒙古族民俗旅游功能区。

第二节　吉林省旅游产业的行业现状

旅游行业结构是旅游产业结构的基础，是旅游经济增长的基本保障。近年来，吉林省旅游行业积极谋划和推进旅游业壮大计划，不断提高旅游经济运行质量，全省旅游业继续呈现出强劲发展势头。

一、旅行社业

2001 年，吉林省政府下发了《吉林省人民政府关于加快培育旅游支柱产业建设生态旅游强省的决定》；2003 年，吉林省第十届人民代表大会常务委员会第六次会议通过了该省第一部地方性旅游法规——《吉林省旅游条例》，为全省旅游业持续快速健康发展创造了良好的法制环境，为旅行社业的健康发展指明了方向[66]。2011 年，据吉林旅游网官方统计，全省旅行社总数达到133家[67]。尽管2010年、2011年的旅行社数量较旅行社数量较多的年份（如2005年全省旅行社总数达到312家）有所减少，但质量、规模、效益均有大幅提升[68]。目前，全省旅行社总体布局、经营类别结构基本趋于合理，全省旅游直接从业人员已达 9 万人。近年来，吉林省旅行社业的经营规模、人员素质、服务质量等都有所提升。吉林省各地区旅行社数量如下：长春市旅行社 19 家，吉林市旅行社 18 家，四平市旅行社 21 家，辽源市旅行社 10 家，通化市旅行社 10 家，白山市旅行社 10 家，松原市旅行社 10 家，白城市旅行社 10 家，延边朝鲜族自治州（简称延边州）旅行社 15 家，长白山旅行社 10 家。

以上数据资料表明，目前吉林省各地区的旅行社业状况呈现出几个特点[69]：一是各地区旅行社数量相对均衡，分布较为合理，其中长春、吉林、四平三市的旅行社数量为第一梯队，均为20家左右；延边州旅行社数量为第二梯队，15家；辽源、通化、白山、松原、白城和长白山旅行社数量为第三梯队，均为10家。这既符合各地市场需求，又没有畸重畸轻的现象。二是各地区旅行社的业务分工较为明确，国际旅行与国内旅行、省内旅行与全国旅行等业务区分详细，市场占有格局相对合理。三是同一地区各个旅行社之间的合作机制较为健全。这一点是在调研中通过多次报团旅游考察所得出的结论。例如，长春市各个旅行社之间能够达成利益上的一致意识，相互之间避免掣肘，高效迅捷地将分散报名的游客组合成一支，从而节省了成本。四是不同地区旅行社之间的合作机制较为健全。例如公主岭的游客，能够在当地等候长春游客团，而不必来到长春集合。这体现出了信息技术在旅行社业中的成功运用。

为了提高旅行社从业人员的业务素质，2011年吉林省旅游局组织实施了“万人培训计划”，采取“走出去、请进来”和服务技能送教下层等方式，全年培训人数突破 1.2 万人次，大大提升了全省旅游从业人员素质[70-74]。但是，吉林省旅行社业也存在着一些不容忽视的问题。例如，近年来，随着出省游、出境游规模的高速增长，一些影响市场规范发展的问题逐渐暴露出来。再如，在全球经济低迷的形势下继续整合旅行社资源，再次精简机构以提高经济效益，也是当务之急。目前部分地区由于从业人员的增长速度超过旅游市场的增长速度，从业人员特别是导游收入状况不理想，从而诱发导游变成导购的现象。著名经济学家萨缪尔森认为，21 世纪这场威胁全球金融市场的危机，不过是对 20 世纪银行大恐慌的某种新的回应[75]。由此，适合危机时期经济调整的对策同样适合于当前的全球经济。就吉林省旅行社业来说，进一步控制办社数量和从业人员数量，将现有团队打造成精兵，是重要所在。

二、饭店业

饭店与旅行社同属旅游接待设施。就旅馆而言，饭店业是旅游产业内部结构中的又一个支柱性行业。饭店业在旅游经济中的基本功能是为游客提供基本的旅游住宿、就餐、休闲、娱乐的必要服务。吉林省坚持“合理布局，总量控制，结构优化，功能完善，强化软件，提高档次”的原则，满足不同层次的需要。近年来，吉林省饭店业发展迅速，星级饭店数量和服务水平逐年提高；其他类型的宾馆、旅游接待定点单位建设也得到不断加强；洗浴中心、商务会馆等新型饭店企业发展迅速。截至 2014 年，吉林省共有 5 星级饭店 7 家，4 星级、3 星级、2 星级、1 星级饭店若干，以及其他未被评为星级饭店的宾馆、招待所、洗浴中心、休闲会所等饭店类企业若干[76]。省会长春市除星级饭店之外，有旅游定点餐馆 19 家。吉林省饭店业较国内经济发达地区起步晚，发展模式尚待完善。饭店业除硬件设施必须过硬之外，服务是一个重要的环节。当前，吉林省饭店业基础设施还不够完善，从业人员服务质量有待进一步提高。饭店业从业人员缺乏“以人为本”的思想、优质服务的观念。饭店业的另一个问题是规范管理，合法经营。前些年，一些宾馆、洗浴中心、商务会所的黄赌毒现象十分严重。这些现象尽管近几年因执法力度加大而大大收敛，但依然存在着一些隐患，需要综合治理才能彻底解决。

三、景区业

景区业是旅游产业内部结构的核心行业，是游客旅游活动的目的地，也是旅游经济得以开展的中心领域。吉林省景区业近年来发展迅速。近年来，吉林省新评、晋升 A 级旅游景区 3 家（珲春市防川国家级风景名胜区、抚松县北山生态森林植物园、通化市云霞洞景区），推荐上报晋升 5A 级、4A 级各 1 家（长春市长影世纪城、集安市五女峰国家森林公园）[77]。2013 年，全省共有国家 A 级旅游景区 246 家，其中 5A 级 3 家，4A 级 65 家，3A 级 119 家，2A 级 51 家，1A 级 8 家，吉林省主要 5A 和 4A 级旅游景区如表 3-3 所示。

表 3-3　吉林省主要 5A 和 4A 级旅游景区

景区名称	级别	评级年度
通榆县向海国家级自然保护区	4A	2005
辉南县龙湾群国家森林公园	4A	2005
镇赉县莫莫格国家自然保护区	4A	2005
集安市高句丽文物古迹旅游景区	4A	2005
长春市长影世纪城	4A	2005
长春伪满皇宫博物院	5A	2007
长春世界雕塑公园	4A	2003
吉林省北大湖滑雪场	4A	2001
长春净月潭国家森林公园	5A	2011
长白山国家级自然保护区	5A	2007
吉林松花湖风景名胜区	4A	2001
长春市莲花山滑雪场	4A	2006
通化市杨靖宇烈士陵园	4A	2006
蛟河拉法山国家森林公园	4A	2006
松原市查干湖旅游度假区	4A	2006

从地区分布情况来看，吉林省 A 级景区长春有 20 家、吉林有 15 家、通化有 15 家、白山有 20 家、延边有 14 家、四平有 10 家、白城有 7 家、松原有 21 家、辽源有 2 家、长白山保护开发管理委员会（简称长白山管委会）有 1 家。目前，长春伪满皇宫博物院、长春净月潭国家森林公园和长白山国家级自然保护区三家景区为 5A 级，每年吸引了大批中外游客，为本省旅游经济做出了最突出的贡献。

长春伪满皇宫博物院位于长春市东北角的光复路上，历史背景的复杂性、文化内涵的多重性，决定了其性质的独特性，以及文化资源的稀缺性、世界性和独有性。长春净月潭国家森林公园坐落于长春市东南部，距市中心仅 18km，占地面积 96.38km^2，其规模人称亚洲人工林之最。长春净月潭国家森林公园能够成为 5A 级景区，原因主要有两个：一是这一公园从自然风光来讲，确实非常秀美，在整个长春市乃至吉林省都是很有特色的；二是这一公园坐落于省会长春市，从而获得了天然发展优势。长白山脉延绵千里，森林茂密，有大片的原始森林分布，素有“长白林海”之称。森林覆盖率达 65%以上，是中国六大林区之一。长白山作为中国十大名山之一，生态旅游开发较早，是国家级自然保护区。长白山景区的天池、瀑布、大峡谷、高山花园、小天池、碧渊潭、地下森林、温泉、漂流等景点或旅游项目，成为吉林省旅游产业发展中的标志性品牌。

吉林省景区业在发展中也存在着一些问题。首先，就全省综合情况来看，由于主管部门的缺失，出现多头管旅游的现象。其次，旅游景区的开发在一定程度上破坏了自然生态。尽管吉林省在旅游景区开发过程中，非常强调对生态的保护，但在利益驱动下，不少从业人员的行为还是存在着竭泽而渔、焚林而猎的行为。最后，各个景区开发的有效统筹还应加强。吉林省动辄上亿地投资景区开发，往往没有走向旅游产业链的其他环节；毗邻区域的旅游点开发经常缺乏统筹。

四、旅游商品业

旅游商品属于景区配套服务设施范围，是突出旅游景区特色、能够给游客以回忆回味的商品类型。旅游商品购买是游客旅游活动中的重要一项，旅游商品业是旅游经济的重要组成部分，在整个旅游收入中弹性最大。

首先，在旅游商品业的主要类型方面，吉林省的观光旅游类商品业是主体。旅游商品与旅游产品是两个不同的概念。旅游商品指有形的商品实物，如特产食品、纪念章等，旅游产品指旅游形式，如观光旅游、度假旅游和专项旅游形式等。同时，旅游商品又与旅游产品存在着密切联系，旅游商品可以依托旅游产品而进行划分与生产供给。因此，吉林省旅游商品业结构可以划分为观光旅游商品业、度假旅游商品业和专项旅游商品业等类型。与这些观光旅游产品相配套，形成了一系列旅游观光商品。代表性的有：以传统人参、鹿茸、乌拉草为代表的东北三宝系列商品，东北优质谷物商品，体现民族特色的朝鲜族小吃（如打糕或米肠）等。目前，此类旅游商品企业众多，市场比较成熟。

其次，在配套服务方面，吉林省旅游商品业的服务观念和服务意识正在增强。如果说旅游商品实物是旅游商品业发展中的硬件，那么旅游商品的软件开发也很重要。在总体筹划上，吉林省积极开发出具有本省特色的旅游商品、纪念品，逐步开发出旅游商品系列和旅游食品系列产品。长春、吉林、延吉等旅游城市及部分重点旅游景区已经逐步形成旅游商品销售网络。2010 年，吉林省旅游定点商店有 80 家，其中长春市有旅游定点商店 15 家，吉林市有旅游定点商店 10 家。

然后，在利润率平均化方面，吉林省旅游商品业的市场化程度逐渐提升。随着旅游业在国民经济中所占的比重越来越大，旅游商品的重要性也与日俱增。旅游商品与其他所有商品一样，都应遵循市场的法则。吉林省的旅游商品业经过近年来的竞争、市场和价格机制调节，日趋规范化。在旅游商品业展开合法规范的市场竞争条件下，整个旅游商品行业的质量和信誉都有所提高。

最后，在商品的地域特色和文化内涵方面，吉林省旅游商品业还存在着巨大差距。该省旅游商品开发整体规范化程度不高，市场化运作机制不发育，旅游企业经营管理水平较低，“小、散、弱、差”状况没有得到根本改善。吉林省的这一状况其实也是全国旅游商品业的一个缩影，亟待探索创新旅游商品发展模式。

五、各行业关系的计量分析

在对吉林省旅游产业中的各个具体行业发展情况进行分别分析的基础之上，还应当从分析走向综合，即从统观的层面来研究各行业的一般情况及相互关系，从而为整个产业结构优化升级提供事实认知的牢固基础。要完成这项任务，就不能停留在定性研究、思辨研究的方法方面，而必须引入计量分析的方法。具体来说，运用区域经济分析中的偏离-份额分析法（shift-share analysis method），对吉林省旅游产业中的行业结构现状进行分析，这对于优化整体产业结构具有基础性的意义。偏离-份额分析数学模型的建构流程为[78-82]：假设区域在经历了时间 t 后，经济总量和结构均已发生变化。设基年期区域经济总规模为 b_0，终年期为 b_t。同时，依照一定原则，把区域经济划分为 n 个产业部门，分别以 $b_{j,0}$ 和 $b_{j,t}(j=1,2,\cdots,n)$ 表示区域第 j 个产业部门在基年期和终年期的经济规模，并以 B_0 和 B_t 表示上级区域在相应时期基年期和终年期的经济总规模，以 $B_{j,0}$ 和 $B_{j,t}$ 分别表示上级区域基年期和终年期第 j 个产业部门的经济规模。区域与其上级区域第 j 个产业部门在 $[0,t]$ 时间段内的变化率分别为

$$r_j=\frac{b_{j,t}-b_{j,0}}{b_{j,0}} \quad R_j=\frac{B_{j,t}-B_{j,0}}{B_{j,0}} \quad (j=1,2,\cdots,n)$$

以上级区域各产业部门所占份额按下式将区域各产业部门规模标准化，得

$$b_j=\frac{b_{j,0}-B_{j,0}}{B_0} \quad (j=1,2,\cdots,n)$$

这样，在 $[0,t]$ 时间段内，区域第 j 个产业部门的增长量 G_j 可以分解为份额分量 N_j、结构偏离分量 P_j 和竞争力偏离分量 D_j 三个分量，表达为[83-87]

$$G_j=N_j+P_j+D_j$$
$$N_j=b_j\cdot R_j$$
$$P_j=(b_{j,0}-b_j)\cdot R_j$$
$$D_j=b_{j,0}\cdot(r_j-R_j)$$
$$G_j=b_{j,t}-b_{j,0}$$
$$PD_j=P_j+D_j$$

式中，N_j 为份额分量，它是 j 部门上级区域总量按比例分配，区域 j 部门经济规模所发生的变化，即区域标准化的产业部门如按上级区域的平均增长率发展所产生的变化量。P_j 为结构偏离分量，它是指区域部门比重与上级区域相应部门比重的差异引起的区域第 j 个产业部门增长相对于上级区域标准所产生的偏差，它排除了区域增长速度与上级区域的平均速度差异，假定两者相等，而单独分析部门结构对增长的影响和贡献。因此，此值越大说明部门结构对经济总量增长的贡献越大。D_j 为竞争力偏离分量，指区域第 j 个产业部门的增长速度与上级区域相应部

门增长速度的差异引起的偏差，反映区域第 j 个产业部门的竞争能力。此值越大则说明区域第 j 个产业部门竞争力对经济增长的作用越大。PD_j 为总偏离分量，反映区域第 j 个部门总的增长优势。

对吉林省旅游产业部门偏离分量分析的方法如下。以竞争力偏离分量 D_j 为横轴，以结构偏离分量 P_j 为纵轴，建立坐标系，将代表各散点的产业部门标注在坐标系中。以过原点的两条 45°线将坐标分为八个区域，并得到图 3-3。从图 3-3 可以看出，各区域代表的含义是：Ⅰ区（右上区右）原有基础很好，是竞争力较强的好部门；Ⅱ区（右上区左）竞争力很强，是原有基础较好的较好部门；Ⅲ区（左上区右）是基础差但发展快的较好或一般部门；Ⅳ区（左上区左）是基础较好，但地位下降的较好或一般部门；Ⅴ区（左下区左）是基础较好，但竞争力很差的较差部门；Ⅵ区（左下区右）是基础很差，但发展很快的较差部门；Ⅶ区（右下区左）、Ⅷ区（右下区右）是基础差，且缺乏竞争力的最差部门。

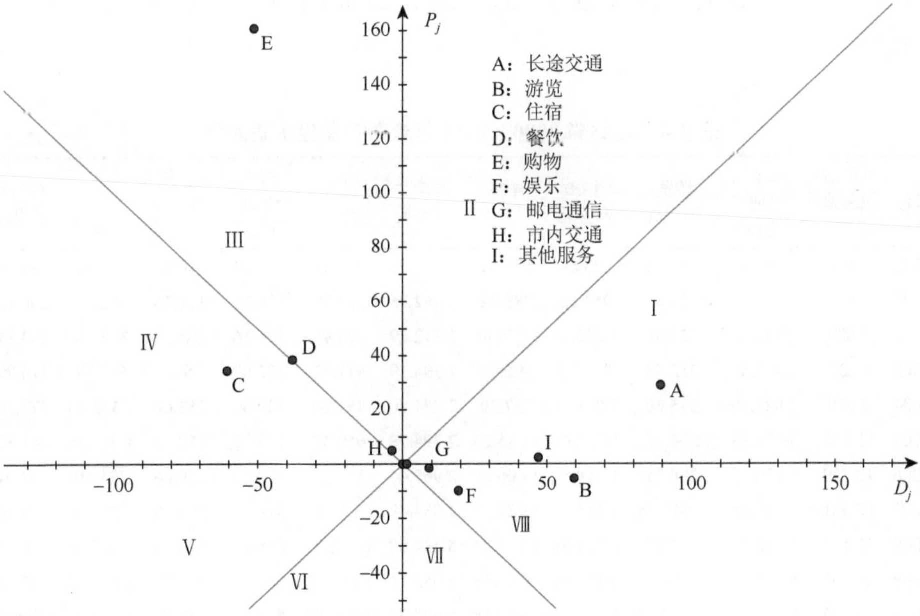

图 3-3　吉林省旅游产业偏离分量分析

对吉林省旅游产业部门偏离分量分析的结论表明：Ⅰ区（右上区右）即吉林省的其他服务、长途交通部门的原有基础很好，是竞争力较强的好部门。例如，从表 3-4 和表 3-5 中可以看出，吉林省会长春市处于整个东北地区交通大动脉的正中心，具有优越的省际交通条件，2014 年后哈长城市群规划又进一步提高了长春市的交通优势地位。长春市市区交通呈现出纵横十分鲜明的平行线交通网，加之 2011 年以来市内快速路建设的加快、轻轨的建成以及地铁的建成，交通状况进一步得到改善，从而为本市乃至本省的旅游产业发展提供良好的交通设施基础。2010 年以来，吉林省的万达影院发展态势非常火爆，带动了大量资本投入电影放映行业，又带动了相关地段的商业发展；2010 年后随着网络社交软件的出现和普及化，大量中低端旅店如雨后春笋一般出现，成为经济发展的新增长点，也为旅游接待提供了良好的设施基础；2009 年后各种会展活动和文化活动周期性地举办，也提升了吉林省特别是长春市、吉林市的游览竞争力。随着社会经济的发展，人们对生活品质的追求也越来越强烈。近年来各种西餐、日本料理、文化餐厅、生态饭店等纷纷落户长春、吉林等城市。与此同时，大众化的餐饮企业也不断发展，由于民以食为天，“大众创业 万众创新”的局面在餐饮行业有着非常突出的体现。

表 3-4 吉林省 2000～2014 年旅游产业经济贡献值

年份	外汇旅游总值/万美元	长途交通/万美元	游览/万美元	住宿/万美元	餐饮/万美元	购物/万美元	娱乐/万美元	邮电通信/万美元	市内交通/万美元	其他服务/万美元	GDP/亿美元
2000	5 804	1 468.41	150.91	928.64	592.01	1 300.09	296.01	203.14	110.28	754.52	239.36
2001	7 579	2 554.12	174.32	954.95	788.22	1 462.75	363.79	356.21	121.26	803.37	256.10
2002	8 629	2 355.72	327.90	1 225.32	1 035.48	1 812.09	534.99	405.56	103.55	828.38	283.81
2003	6 639	1 812.48	252.28	942.74	796.68	1 394.19	411.62	312.03	79.67	637.34	316.79
2004	9 600	2 937.60	345.60	1 008.00	787.20	2 284.80	451.20	249.60	153.60	1 382.40	377.20
2005	11 952	3 776.83	394.42	1 721.09	1 685.23	2 294.78	669.31	179.28	179.28	1 051.78	441.39
2006	13 729	5 120.92	288.31	1 949.52	1 606.29	2 965.46	782.55	370.68	219.66	425.59	533.94
2007	17 931	5 540.68	1 147.58	2 115.86	1 721.38	4 034.48	1 273.10	519.99	286.89	1 273.10	690.74
2008	21 144	6 618.07	993.77	2 727.58	1 797.24	5 434.08	1 162.92	465.17	380.59	1 564.66	916.88
2009	24 297	6 730.27	1 166.26	4 130.49	2 502.59	5 053.78	1 652.20	485.94	437.35	2 138.14	940.25
2010	30 492	8 202.35	1 585.58	5 519.05	3 110.18	6 677.75	1 951.49	548.86	1 036.73	1 860.01	1 268.86
2011	38 528	14 640.64	1 810.82	5 586.56	2 812.54	6 896.51	2 427.26	539.39	924.67	2 889.60	1 561.13
2012	49 477	17 057.06	1 998.51	5 716.67	2 602.71	10 736.19	2 416.80	790.11	1 301.36	3 857.59	1 899.49
2013	55 237	19 664.37	2 817.09	6 573.20	3 038.04	13 035.93	2 485.67	939.03	1 436.16	5 247.52	2 106.59
2014	65 390	21 186.36	6 931.34	3 269.50	3 334.89	18 832.32	2 550.21	1 307.80	1 177.02	6 800.56	—

表 3-5　全国 2000～2014 年旅游产业经济贡献值

年份	外汇旅游总值/亿美元	长途交通/亿美元	游览/亿美元	住宿/亿美元	餐饮/亿美元	购物/亿美元	娱乐/亿美元	邮电通信/亿美元	市内交通/亿美元	其他服务/亿美元	GDP/亿美元
2000	162.24	48.8	7.51	22.05	15.23	32.31	11.93	5.03	5.34	14.04	12 237.95
2001	177.92	50.05	8.02	22.42	15.39	37.54	13.77	6.79	6.02	17.93	13 321.49
2002	203.85	52.6	14.31	25.65	16.6	42.11	15.25	7.2	8.82	21.31	14 619.59
2003	174.06	44.38	12.2	21.64	14.31	36.2	13.02	6.18	7.86	18.27	8.276 914
2004	257.39	66.88	13.07	31.24	19.42	57.98	18.25	8.81	10.87	30.86	19 417.41
2005	292.96	82.94	12.27	37.75	27.48	63.78	17.02	8.44	10.3	32.99	22 664.99
2006	339.49	69.42	59.82	35.12	10.17	81.477 6	20.369 4	9.78	13.94	39.393	27 184.36
2007	419.19	111.43	18	59.38	37.48	104.94	21.1	7.61	12.42	46.83	35 031.5
2008	408.43	124.87	22.02	48.6	38.73	85.34	29.7	10.02	13.55	35.6	45 208.95
2009	396.75	117.41	20.8	44.34	36.14	91.49	28.82	9.55	13.29	34.91	49 766.59
2010	458.14	130.91	51.95	41.15	21.07	31.73	115.9	14.6	10.68	40.15	59 859.9
2011	484.64	151.17	25.32	50.98	35.98	118.56	34.67	10.36	16.19	41.41	71 510.19
2012	500.28	172.78	25.55	52.11	37.47	111.54	36.13	7.91	16.1	40.68	84 977.01
2013	516.64	174.57	30.92	59.76	41.28	111.82	35.91	7.93	14.44	40.01	95 420.61
2014	569.13	195.78	32.44	69.43	48.38	113.83	36.99	10.81	15.94	45.53	—

注：不含港澳台数据。

对吉林省旅游产业部门优势的分析方法如下。以区域部门总偏离分量 PD_j 为横轴，以份额分量 N_j 为纵轴，建立坐标系，将代表各散点的产业部门标注在坐标系中（图 3-4）。同样以过原点的两条 45°线将坐标分为如图 3-4 所示的八个区域，各区域代表的含义是：Ⅰ区（右上区右）、Ⅱ区（右上区左）是吉林省旅游产业内部行业格局中较好的、具有部门优势的增长部门；Ⅲ区（左上区右）、Ⅳ区（左上区左）是一般的部门，其中Ⅲ区为虽具有部门优势，但却衰退的部门，Ⅳ区为增长部门，却不具有部门优势；Ⅴ区（左下区左）、Ⅵ（左下区右）是较差部门，这些部门在总量上都为负增长，Ⅴ区虽为增长部门，Ⅵ区虽具有部门优势，但都不足以消除因部门劣势或全国性衰退造成的负贡献；Ⅶ区（右下区左）、Ⅷ区（右下区右）为最差部门，为既无部门优势，又衰退的部门。

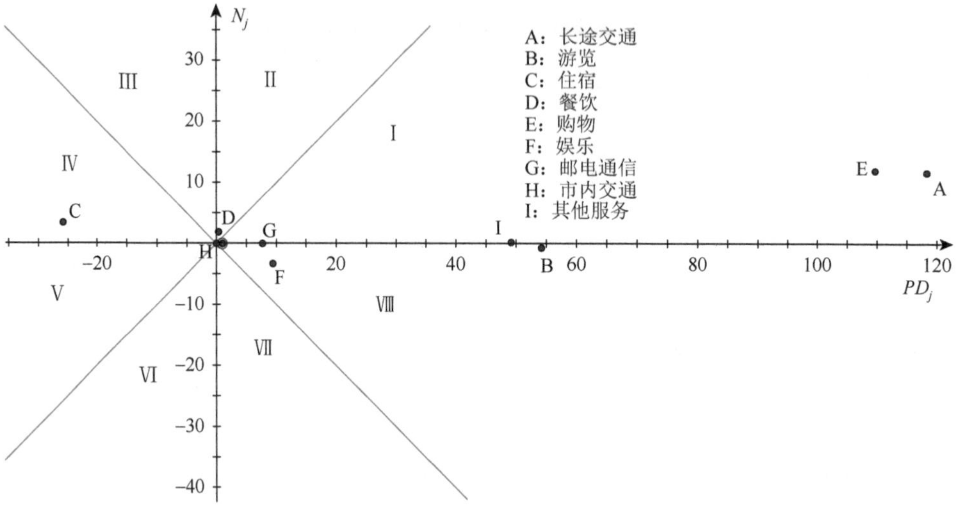

图 3-4　吉林省旅游产业部门优势分析

对吉林省的旅游产业部门优势分析表明：Ⅰ区（右上区右）、Ⅱ区（右上区左）邮电通信、餐饮、市内交通、娱乐、游览、住宿、其他服务、购物、长途交通是较好的部门，具有部门优势的增长部门，见表 3-6。通过追踪各行业最新发展情况，可以进一步看到其发展趋势。在市内交通发展方面，2014 年 10 月末，长春市“两横三纵”快速路开始投入运营。“两横三纵”快速路是长春市“一环、两横、三纵”快速路体系的重要组成部分，“两横”即南部快速路、北部快速路，“三纵”即东部快速路、西部快速路、亚泰大街快速路。由此编织的立体交通网，极大地改善了长春市的市内交通，也为整个吉林省旅游交通的发展提供了枢纽性的作用。在娱乐、住宿方面，随着城市人口的增加和消费群体的增长，娱乐企业和宾馆数量不断增加，条件不断改善。特别是万达影城在整个长春市呈现出遍地开花的发展态势，带动了娱乐业的发展。吉林省的餐饮业原有基础较强，但是随着人们生活条件的改善和人口流动的加速，全国各地的菜系纷纷落户吉林，国外的高端餐饮项目如日本料理、欧洲的牛排店等也渐趋发展。各个行业之间具有一定的自发耦合效应，但是发展市场经济又必须因势利导，进一步自为地弥补行业短板，提升整体旅游产业发展的有机性。

表 3-6　吉林省旅游产业偏离-份额分析

经济总量（G）	相对增长率（L）	结构效果指数（W）	效率竞争指数（U）	总份额分量（N）	总结构偏离分量（P）	总竞争力偏离分量（D）	总偏离分量（PD）
30 940	1.434	0.959	1.496	2 440.863	10 177.593	18 321.544	28 499.137

综合来看，吉林省旅游产业结构具有一定的优势，但各部门发展还存在一定程度的不平衡，需要进行调整。在增长速度、结构贡献度和竞争力方面最好的部门是长途交通部门，该部门将成为吉林省旅游产业未来发展的合理方向，其次为购物部门。娱乐、住宿、其他服务发展较快。餐饮、邮电通信、市内交通发展相对滞后，经济贡献率较低。

第三节　吉林省旅游产业的空间结构现状

吉林省旅游产业结构的另一个重要维度是空间结构。根据景观生态学的景观结构原理，可以将吉林省旅游产业空间结构分为三大旅游基质：首先是中部城市区，即平原地区，以长春、吉林的城市旅游景观为主；其次是东部山地区，以长白山的森林生态旅游景观、朝鲜族民俗旅游景观、中朝中俄边境旅游景观为主；西部草原与湿地景观区，以草原湿地生态旅游景观以及风土人情景观为主。

一、中部城市

吉林省中部以长春和吉林为核心，形成了中部旅游城市区域。自 1994 年国家旅游局在全国开展创建中国优秀旅游城市的活动以来，吉林省长春市、吉林市、集安市和蛟河市先后被评为“中国优秀旅游城市”。其中，长春、吉林为典型中部城市，蛟河偏东而隶属吉林地区，也大致属于中部城市范畴。以长春、吉林及其一体化发展为主要龙头，吉林省中部形成了富有特色的城市旅游区。长春—吉林的旅游中心地位主要在于中心作用而不是地理位置。克里斯塔勒说，“我们把那些主要起区域中心作用的聚落称为中心居民点。与这些中心地方相对的是分散聚落，也就是那些不是中心的地方”“中心性很少指空间上的中心区位，而是指意义更为抽象的中心作用……一个地方只有实际发挥中心作用时才具有中心的资格”。在整个吉林省的旅游空间结构优化过程中，长春—吉林无疑起到了中心地的核心作用。

长春市是吉林省的省会，1998 年，长春市被评为首批“中国优秀旅游城市”，有象征文化城市的吉林大学、东北师范大学等国家高等院校 42 所，有以名门饭店、香格里拉为代表的五星级酒店 5 家。图 3-5 为 2013 年长春市主要旅游资源分布情况。

图 3-5　2013 年长春市主要旅游资源分布图

吉林市是吉林省第二大城市。1949～1954 年，吉林市是吉林省省会，吉林省名最初即从此而来。今天，吉林市成为中国唯一的市名与省名相同的城市。1994 年，吉林市被国务院命名为“中国历史文化名城”。2000 年，吉林市被评为“中国优秀旅游城市”，旅游品牌为雾凇奇观、滑雪天堂，旅游特色是夏季避暑之乡，冬季滑雪天堂。吉林市具有得天独厚的旅游资源。自然景观、人文景观随处可见，松花湖和龙潭山鹿场被列为国家级景点；有 5 座滑雪场。2013 年吉林市主要旅游资源分布如图 3-6 所示。

图 3-6　2013 年吉林市主要旅游资源分布图

长春、吉林的各自发展以及近年来加快的一体化发展，为吉林省中部地区旅游空间结构优化打下了坚实的基础。中部地区的旅游空间结构优化，最主要的工作方向就是发挥两大城市的规模经济效应，并在有机分工的前提下突出彼此不可替代的旅游特色，又能够相得益彰，互为宣传。无论两个城市的文化融合，还是两个城市各自内部旅游要素的组合，都是历史的积淀，凝聚着不可还原的特色内涵。城市是一种复杂适应性系统。城市在本质上是不可还原的，我们可以根据积木的机制将城市分解，但分解的结果对解释城市的复杂行为丝毫没有帮助。一种城市文化一经形成，其对市民、游客所具有的吸引力是不可复制的。这启示我们一定要尽力维护好城市由历史积淀而来的文化意义内涵，在旅游空间规划的过程中认真研究长春—吉林城市空间的文化-心理意义。

二、东部森林、生态、民俗与边境

吉林省东部地区的森林、生态、民俗与边境旅游资源十分丰富，与西部地区形成鲜明的反差和互补，与西部的草原、湿地旅游资源形成了地缘两极的呼应。吉林省东部的长白山脉，森林覆盖率65%以上，主要分布有红松、水曲柳、黄波椤、胡桃楸等80余种树，其中“长白松”为长白山特有珍稀树种，被称为“美人松”。森林生态资源是环保的重点。在这样的形势之下，吉林省东部地区的森林生态资源显得弥足珍贵，其是吉林省旅游经济的托底性保障，也是可持续发展的王牌项目。吉林省是个多民族的省份，各民族民俗差异显著。朝鲜族民俗旅游资源、满族民俗旅游资源、蒙古族民俗旅游资源和关东风情民俗旅游资源是四大品牌。其中，延边州即吉林省东部地区的朝鲜族民俗旅游资源开发最为成熟，旅游经济效益最为显著。吉林省东部地区的边境旅游资源也十分丰富，具有很大的开发潜力。美国地缘政治学家斯皮克曼认为，边缘地带才是欧亚大陆占据核心地位的空间。他所说的边缘地带特指大陆与海洋相接的地区。而吉林省东部地区一则距离海洋较近，二则与俄罗斯、朝鲜、日本等国相邻或相望，具有很大的旅游发展潜质。长白—长图旅游轴线作为一个旅游发展带，使得吉林省旅游可以更加方便地融入东北、东北亚区域旅游系统中，以民俗文化与边境旅游为重点内容。目前，吉林省正联合俄罗斯、朝鲜、韩国、日本等地方旅游机构共同开发跨国边境旅游项目。

三、西部草原与湿地

吉林省西部的草原和湿地旅游资源与中部城市旅游资源、东部森林旅游资源相互补，有力呼应。草原旅游资源是与蒙古族民俗旅游资源紧密相连的。辽阔的草原，悠扬的马头琴声，激烈的赛马和摔跤，诱人的烤全羊和手抓饭，浓香的奶茶等蒙古族民俗风情极富特色。白城草原湿地生态旅游景观区是西部旅游资源的代表。白城的旅游景观主要以生态旅游景观为主，其中自然旅游景观主要有15处，人文旅游景观有10处。松原也是一个旅游潜质极大的地区。20世纪初，孙中山先生在《建国方略》中写道："其地域三面为山所围绕，独于南部则开放，直达至辽东海湾。在此三山脉之中，低落成为一广浩肥美之平原，并为三河流所灌注，嫩江位于北，松花江位于东北，辽河位于南。此之境界，中国前时视之，等于荒漠，但自中东铁路成立后，始知其为中国最肥沃之地。"孙先生提出了在松嫩三江汇合处建立"东镇"中枢城的重要设想，孙中山拟名"东镇"的所在地就是今日新城松原市。松原作为吉林省北部重镇，其旅游价值有待深入开发。松原的查干湖旅游区，在前些年通过电视剧《查干湖》《圣水湖畔》等的宣传而知名度有所提升，但目前旅游经济效益较其他地区还有差距，开发空间非常大。

综合来看，吉林省旅游资源空间分布不均，旅游资源分布不均衡。在旅游外汇收入构成中，长春市和延边州所占比例最大。长春市、吉林市、延边州的旅游增长速度更快，四平、通化、白山、白城等地区旅游业增长幅度波动较大，旅游业发展还不够稳定。再如辽源市，作为一个矿业城市，旅游产业相对落后，但随着经济发展和社会进步，依靠能源开采的经济类型有待于向生态维护、信息主导的经济类型转变。这些问题都是吉林省旅游空间结构研究中的基础性课题。

四、空间布局的计量分析

在分别分析吉林省中部、东部和西部三大资源分布区的基础之上，还应从分析走向综合，对吉林省空间布局的一般情况进行总体统观，从而为吉林省旅游产业空间结构调整奠定事实认知的基础。针对这项研究任务，有必要引入计量分析的方法，用定量的方式和比较的方式总结出目前空间布局的特点、存在的优势和既有的短板，以及各个区域之间联系机制的状况。从吉林省所处宏观经济地理方位来看，吉林省地处东北亚经济圈的几何中心，为该省发展成为东北亚旅游中心创造了良好条件。在国内省际地理上，吉林省位于东北地区的中部。从吉林省内旅游资源分区储量来看，空间分布呈不均衡状态。按区域旅游资源总储量的高低排列，长春市占全省旅游资源总量的 21.69%，吉林市占 13.84%，延边州占 13.03%，通化市占 12.31%，白山市占 12.25%，四平市占 9.18%，白城市占 6.71%，松原市占 5.47%，辽源市占 2.82%，长白山占 2.70%。长春、吉林、延边、通化、白山居前五位，凸显中部地区和东部地区得天独厚的优势。长白山由于地域面积较小，旅游单体数量少，故位居最后，但其资源特色突出，品质极高，是吉林省最著名的旅游区域。

本书以吉林省 9 个地市州为研究单元，运用计量经济学的方法，对吉林省 2002～2013 年旅游业、地区间旅游业发展水平差异变化的时空演变特征进行实证分析。旅游业发展水平指标的选择，从经济学角度，可选择国内旅游收入、入境旅游收入或旅游总收入。旅游总收入更能综合反映旅游业总体水平，因此，本书选择旅游总收入衡量吉林省旅游业发展水平。本节以旅游总收入为基本数据，其中中国旅游总收入来源于《中国统计摘要》，吉林省各地区旅游收入和 GDP 来源于《吉林省统计年鉴》。

首先运用标准差测度吉林省 2002～2013 年旅游业发展水平绝对差异［式(3-1)］，其次运用变异系数对相对差异进行定量分析［式（3-2)］。通过相对差异和绝对差异分析，得出吉林省旅游业发展水平总体空间格局变化趋势[88-93]：

$$\mathrm{Sd} = \sqrt{\sum_{i=1}^{n} \frac{(x_i - \overline{x})^2}{n}} \tag{3-1}$$

$$\mathrm{Cv} = \mathrm{Sd} / \overline{x} \tag{3-2}$$

式中，Sd 为标准差；x_i 为第 i 个地区旅游业收入；$\overline{x}$ 为各地区旅游业收入的均值；n 为研究区数量，取值为 9；Cv 为变异系数。

全局分析后，运用比率和变化率分析法研究各地区旅游业发展水平与总体间相对差异扩大或缩小的幅度。综合分析得出吉林省旅游业发展水平的空间分布差异性及演变趋势。

$$R_i = x_i / \overline{x} \tag{3-3}$$

$$C_i = R_{it} - R_{i0} \text{ 或 } C_i = R_{i0} - R_{it} \tag{3-4}$$

式中，R_i 为比率值；C_i 为变化率，当个体旅游业发展水平高于总体平均水平时，变化率为考察期比率与基期比率之差，当个体旅游业发展水平低于总体平均水平时，变化率为基期比率与考察期比率之差；R_{it}为第 t 年比率值；R_{i0}为考察期期初比率值，其他指标意义同上。

考察期内，吉林省旅游业保持了较快的增长速度，呈现出强劲的发展态势。旅游收入从 2002 年的 114.841 亿元增长至 2013 年的 1447.03 亿元，实现年均增长 25.90%，远高于全国旅游业平均增长速度。以全国为尺度，吉林省旅游收入占全国旅游总收入的比例呈现上升趋势(图 3-7)，由 2002 年的 2.06%上升到 2013 年的 5.01%，表明吉林省旅游业的发展规模逐步扩大，在全国旅游业中经济地位逐渐上升。2013 年吉林省旅游收入占全省生产总值的 11.32%，旅游产业地位稳步上升，在吉林省国民经济发展中发挥越来越重要的作用。但各地区由于旅游资源禀赋、区位条件和经济基础的不同，区域间旅游业发展间差距仍然较大。探讨吉林省旅游业发展的空间差异性，合理构建空间布局，有助于实现旅游业协调发展。

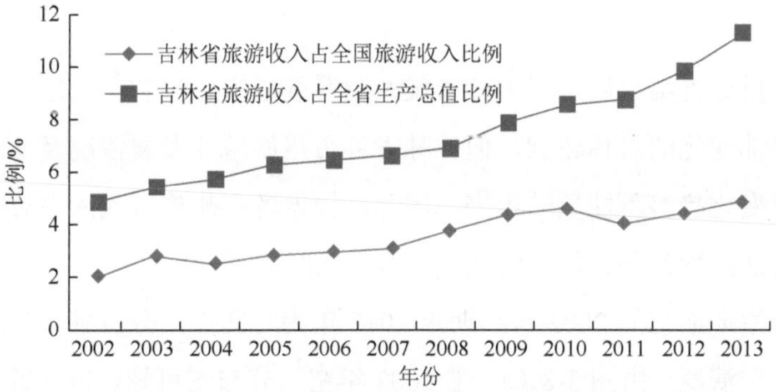

图 3-7　吉林省 2002～2013 年旅游业发展产业规模（见书后彩图）

运用式（3-1）和式（3-2），测度了 2002～2013 年吉林省旅游发展的总体变化趋势（表 3-7）。结果显示，考察期内，吉林省旅游业收入的标准差逐年增大，由 2002 年的 20.420 到 2013 年的 207.415，2013 年居于第一位的长春市旅游收入 682.773 亿元，末位的辽源市旅游收入 20.309 亿元，前者是后者的 33 倍多，两极分化现象说明吉林省地区间旅游业发展的绝对差距较大；变异系数在波动中缓慢下降，2002 年变异系数为 1.600，2013 年变异系数为 1.264，年均下降 2.12%，意味着吉林省区域间旅游业发展水平相对差距逐渐缩小，但幅度相对较小。原因在于吉林省高度重视旅游业发展，将旅游业视为战略性新兴产业，把促进旅游业发展作为发展经济、转变发展方式、优化产业结构和改善民生的重要路径。各地区在吉林省旅游业发展政策的指引下，充分利用自身优势，大力发展旅游业，使各市州旅游业得到一定程度发展，因而各市州旅游业发展相对差距不断缩小。但各市州由于旅游资源条件、交通区位及旅游经济基础差距较大，各市州旅游业发展绝对差距仍在扩大。

表 3-7　吉林省 2002～2013 年旅游收入的标准差与变异系数

年份	Sd	Cv	年份	Sd	Cv	年份	Sd	Cv
2002	20.420	1.600	2006	44.799	1.461	2010	108.543	1.310
2003	26.385	1.636	2007	55.048	1.415	2011	131.285	1.272
2004	29.605	1.485	2008	68.481	1.381	2012	166.596	1.273
2005	36.503	1.441	2009	85.546	1.340	2013	207.415	1.264

上述计量分析结果展示了吉林省旅游业发展规模、旅游产业地位和旅游业发展空间差异性变化的总体轮廓，但吉林省各市州旅游业发展情况及与总体发展水平相对差异变化趋势不能反映出来。因此，根据各市州旅游收入占总收入的比例和比值分析法，探究各市州旅游业发展水平的时空演变。

选择考察期期初的 2002 年和期末 2013 年为时间点，分析各市州旅游业占总体比例的时空演变。由图 3-8（a）中 2002 年空间分布图可知，吉林省各市州旅游业发展水平空间分布极不均衡，旅游业收入集中分布在长春和吉林两市，其他地区旅游业较为落后。长春占到总体的 58.208%，吉林的比例达到 21.173%，而其他地区占总体比例均不到 10%。对比 2002 年，2013 年变化最为明显的是长春和延边［图 3-8（b）］。长春旅游收入占总体比例降到 46.226%，延边比例超过 10%，其他地区相较于 2002 年均有小幅度提高，但并不明显。这说明经过十几年的发展，各市州旅游业都有一定程度的提升，其中延边州提升幅度最大，以长春和吉林为单一核心圈的旅游发展空间布局有所弱化。但从整体看，吉林省各市州旅游业发展差距仍较大。

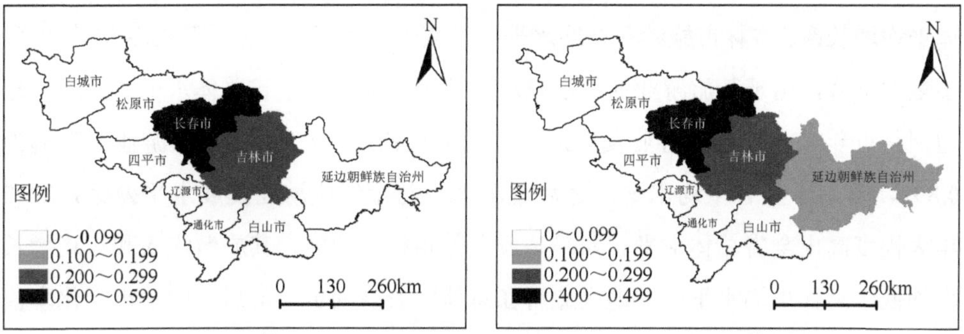

(a) 2002年　　(b) 2013年

图 3-8　吉林省 2002 年和 2013 年各市州旅游业发展空间分布

为准确反映各市州旅游业与总体平均水平相对差异扩大或缩小的幅度，运用比率和变化率法进行分析。表 3-8 中计量结果再次证实吉林省区域间旅游业发展水平空间差异仍然较大。

表 3-8　吉林省旅游业发展水平年际变化差异

地区	2002 年	2004 年		2007 年		2010 年		2013 年	
	比率	比率	变化率	比率	变化率	比率	变化率	比率	变化率
长春	5.239	4.855	0.384	4.699	–0.540	4.343	–0.895	4.160	–1.078
吉林	1.906	2.092	0.186	1.888	–0.017	1.999	0.093	2.091	0.185
四平	0.152	0.159	–0.007	0.141	0.012	0.149	0.003	0.151	0.001
辽源	0.088	0.113	–0.025	0.116	–0.028	0.121	–0.033	0.124	–0.036
通化	0.272	0.373	–0.101	0.393	–0.121	0.467	–0.195	0.475	–0.203
白山	0.201	0.326	–0.125	0.332	–0.131	0.378	–0.177	0.389	–0.188
松原	0.108	0.153	–0.045	0.271	–0.163	0.334	–0.226	0.369	–0.262
白城	0.143	0.173	–0.029	0.176	–0.033	0.186	–0.043	0.188	–0.044
延边	0.892	0.758	–0.134	0.984	–0.093	1.024	0.132	1.053	0.161

由比率值可知，除长春市和四平市外，总体表现出上升趋势。根据变化率值的正负，将 9 个市州分为两类地区，变化率为正的地区意味着个体与总体差距变大，变化率为负的地区意味着个体与总体的差距减小。

第一类是变化率总体表现为正的地区，包括吉林、四平和延边。其中，吉林和延边是正向差距扩大，即地区旅游收入高于总体平均水平，且其增长率高于总体平均增长率。吉林市旅游业发展水平一直高于全省平均水平，仅在 2007 年出现小幅度下降，由于其旅游业的稳步发展，逐渐扩大了与全省总体水平的差距。延边州是近年来吉林省旅游业发展最具强劲势头的地区，2002 年旅游业比率值为 0.892，落后于全省平均水平，之后逐渐缩小与全省旅游业发展水平差距，2013 年大幅度高出全省总体水平。四平是反向差距扩大地区，其旅游收入和年均增长率均低于总体平均水平，即地区旅游在总体中表现为更加落后。四平市变化率值较小，但应引起学者和政策制定者的注意，原因在于四平市旅游业发展水平低于全省平均水平，经过多年的发展，旅游业发展水平与全省平均水平差距没有显著降低，反而落后更多。

第二类是变化率值为负的地区，包括长春、辽源、通化、白山、松原和白城。长春属于正向差距变小地区，即地区旅游收入高于全省平均水平地区，但其增长率低于全省平均增长率。长春市比率值由 2002 年的 5.239，下降到 2013 年的 4.160，降幅较大，从全局角度看，这种下降是合理的，符合区域经济由发展分化到协调发展的规律性。辽源市、通化市、白山市、松原市和白城市均属于反向差距变小的地区，其旅游收入低于全省平均水平，但其增长率高于全省平均增长率。这些地区比率值均有增加，表明这些地区旅游业发展水平逐渐提高，旅游业与全省平均水平相对差异逐渐缩小。但其中辽源市和白城市旅游业发展相对较慢，辽源市仍居全省最末位，白城市被松原市赶超。

由吉林省旅游业发展水平的全局和局部分析可知，吉林省旅游业的空间不均衡问题较为突出，各市州旅游业发展差距较大。实现吉林省旅游业协调发展，需要各市州因地制宜，在整个旅游空间布局中讲分工、讲特色、讲优势、讲比较效益。据此，结合计量分析结果，本书提出“双核、一群、四组”的空间结构图（图 3-9）。双核是指以“长春和吉林”为核心，形成吉林省旅游业空间布局核心区；一群是指中部工业旅游群，由长春、吉林、四平、松原和梅河口组成；四组是指外围四大旅游组，第一组是白城—松原西部旅游组，第二组是四平—辽源西南部旅游组，第三组是通化—白山—长白山中南部旅游组，第四组是延吉—珲春—图们江中下游旅游组。空间结构的优化，具体可从以下几个方面展开。

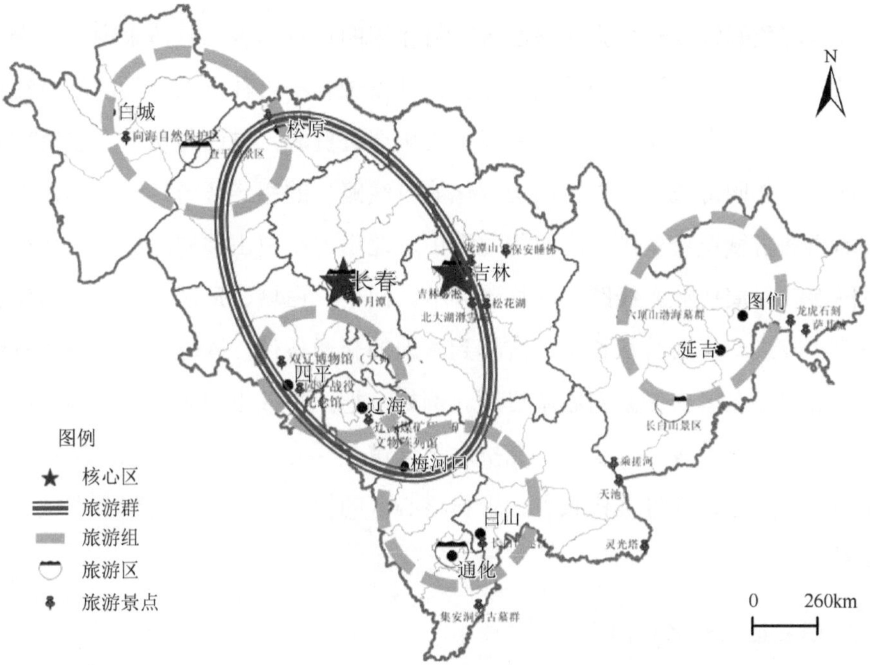

图 3-9　吉林省旅游业“双核、一群、四组”空间结构图（见书后彩图）

1. 强化核心区的辐射作用

“核心-外围理论”揭示了通过核心区的辐射作用来带动整个区域旅游业发展的普遍原理。核心区是指旅游业较为发达的地区，一般来说包含以下特点：具备丰富的旅游资源和配套设施，接待能力强大，服务理念现代；具备良好的区位优势和交通条件，投资环境卓越；具备厚重的历史文化底蕴，作为知名旅游目的地而拥有不断增长的客源，聚集效应明显等。

通过计量分析可知，在吉林省旅游业发展空间布局中，长春、吉林处于十分显著的核心区地位。长春是吉林省省会及东北三省交通网络的核心，吉林是历史文化名城且旅游景观独特，随着长春—吉林一体化建设速度的加快，二者在经济基础、产业政策、交通条件、品牌效应等方面，相对于其他地区具有相对优势。因此，长春、吉林的周边县域以及吉林省其他市、州，应充分依托长春—吉林的核心区基础，利用二者的集散能力和综合服务功能，带动自身旅游业发展。

发挥核心区的辐射作用体现在诸多方面，其中外围区与核心区同类旅游资源的整合是避免恶性竞争、强化核心区辐射作用的重要体现。具体来说，长春、吉林可以在整合市区旅游资源的基础之上，开发长春和吉林下辖市县的旅游线路品牌。例如，在长春，发掘农安县的辽金历史遗迹资源，进而与伪满皇宫博物院、八大部遗址共同形成“长春市历史文化旅游线路”的相连环节。在吉林，发掘蛟河市的高丽古城遗迹资源，进而与龙潭山、北山、小白山共同形成“吉林市古代少数民族政权演化旅游线路”的相连环节。四平、白城、辽源、白山、通化、延吉等地，应进一步改善从长春、吉林到本地的交通条件，同时深入发掘和宣传与长春、吉林存在紧密联系的旅游资源。例如，把四平战役纪念馆、辽源伪满时期煤矿工人罹难遗址等，与长春东北抗联纪念馆合并为“吉林省红色旅游资源”的相连环节。总之，通过强化长春、吉林核心区的辐射作用，带动整个省域旅游业的发展。

2. 明确区域旅游空间定位

在建构吉林省核心-外围旅游空间总体结构的基础上，还应当根据各个区域的旅游产业特色来明确旅游空间的定位，强化联动发展。

一是建立中部工业旅游群。在吉林省中部，以长春—吉林的一体化为内核，以四平、松原、梅河口为外翼，目前已形成了以长春汽车博览会、长影世纪城、红嘴经济技术开发区为代表的工业旅游群。未来发展中，应把汽车工业、化学工业、高新技术产业等特色产业进一步转化为特色旅游资源，开发多样化的工业旅游区，强化中部工业旅游群经济效应。二是建立外围四大旅游组。第一组，白城—松原西部旅游组，应定位为以生态旅游为主线，以生态体验、生态观光、生态科普教育、生态休闲度假为主要内容，形成生态休闲度假产业集聚区。第二组，四平—辽源西南部旅游组，应以历史文化为主题，以遗址遗迹游为载体，将该组定为吉林省文化旅游区，这一组是当前吉林省旅游业发展最为薄弱的地区，需加大资金和政策的支持。第三组，通化—白山—长白山中南部旅游组，依托长白山品牌，以打造休闲度假旅游地为主攻方向，建立养生、娱乐、休闲度假为一体的旅游产业集聚区。第四组，延吉—珲春—图们江中下游旅游组，应以边境风情为主，挖掘民俗文化，重点开发民族文化体验游，打造高品质的民俗文化旅游区。

通过一群、四组旅游区的组合开发，建设有吉林省特色的观光旅游、度假旅游、文化旅游、工业旅游和生态旅游，这一方面有助于各地区旅游业快速发展，另一方面有助于发挥各地旅游资源特色，避免区域间恶性竞争，实现吉林省旅游业空间布局的优化。

3. 加快相对落后旅游地发展

吉林省各市州旅游发展已经过了起步阶段，到了发展、巩固阶段，虽然区域间旅游业发展水平相对差距逐渐缩小，但区域间发展差距仍较大，两极分化现象仍显著。其中，四平、辽源、松原和白城等地旅游业水平相对较低，提高这些地区的旅游业发展水平，对吉林省旅游业空间布局优化具有重要意义。

四平市旅游业发展应充分发挥特色旅游资源。一是着力发展乡村旅游，在果实成熟季节举办果实采摘活动，定期举办“叶赫满族民俗旅游节”，扩大叶赫旅游地区的知名度。二是开发红色旅游资源，开展参观烈士纪念塔、纪念碑等爱国主义活动。三是大力开展遗址遗迹游，打造“叶赫历史文化与民俗风情旅游带”，提升旅游文化内涵。此外，应注重基础设施和配套条件的建设，满足旅游者需求。

辽源市旅游业发展相对落后，居全省最末位，应利用国家相关扶持政策促进旅游业发展。按照“做优生态、做强休闲、做活乡村、做亮文化”的规划思路，全力打造辽河之源、休闲之乡的中国北方旅游重要目的地。

白城和松原等西部旅游地，应以保护性开发为主。区域内主要包括查干湖旅游线路和向海旅游线路。查干湖作为蒙古族的圣水湖，随着电视剧《圣水湖畔》的播映，以及每年查干湖冬季捕捞活动的宣传报道，松原的旅游经济发展持续升温。过多的游客超出了环境承载力，在未来旅游发展中应注重生态环境的保护。向海旅游地的湿地科考和观鸟旅游线路，目前已经有了一定知名度，需重点加强基础配套设施建设，完善旅游交通服务，提高生态度假旅游和户外运动游品质，使其成为中国北方“自然·健康”的生态休闲度假旅游综合经济区。

第四节　吉林省旅游产业结构优化的意义

旅游产业结构优化，是旅游经济发展到一定阶段之后的必然要求。任何产业的经济发展都是规模增大与结构优化相交缠的结果，一般来说，起步阶段总是侧重于依靠投入规模来增加产值，而发展到一定阶段之后，就更加依靠调整产业结构来优化经济效益。旅游产业结构的优化，从静态的经济模型来看，是旅游生产体系形成的基本要求；从动态的经济进步来看，是旅游经济良性发展的根本保证；从国民经济的功能定位来看，是提高旅游综合效益的重要手段。旅游产业结构优化是旅游生产体系形成的基本要求。党的十八大报告指出，要加快传统产业转型升级，推动服务业特别是现代服务业发展壮大。旅游产业结构是旅游生产力的系统论基础，只有形成完善合理的旅游产业结构，才能相应形成效率高、动力足的旅游生产体系。

第一，旅游产业结构优化是既有旅游生产力要素发挥作用的前提。旅游产业结构优化的本质就是把一国或一地区的稀缺旅游资源配置到生产率最高、产出最大的部门中去，使旅游产业的发展符合市场选择的经济规律。各国旅游经济发展经验表明，多数旅游弱国不能实现旅游经济可持续发展的主要原因，就是产业结构扭曲导致的资源配置无效。从生产角度讲，旅游产业结构对经济活动有突出的贡献，是各种经济投入的资源转换器（图 3-10）。

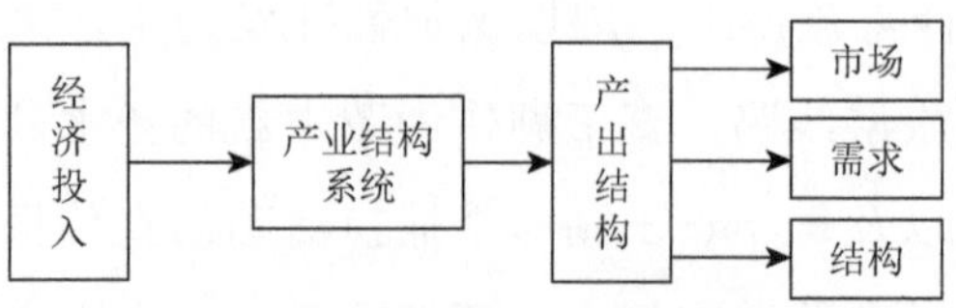

图 3-10　产业结构资源转换器图

第二，旅游产业结构优化是整合旅游单元，形成整体生产力的重要前提。可将旅游区空间结构按尺度从小到大划分为“景点—景段—景区—景区群落—旅游域—旅游地域网络”6 个层级。这一分析框架，可以说明旅游产业结构优化在整合旅游单元、形成整体生产力上的重要作用。每一个层级单元既是整体旅游目的地空间的有机组成部分，又有其相对的独立性。景点要突出独一无二的个性，景段要艺术地衔接好各个景点使之浑然一体，景区要考虑各个景段之间的优势互补关系，景区群落要形成规模的旅游吸引力，旅游域要把交通住宿服务质量监督等作为保障，旅游地域网络要形成相互配合、相得益彰的经济社会发展格局。

第三，旅游产业结构优化是旅游经济良性发展的根本保证。近年来，我国经济增长速度逐步放缓，在周期性原因之外，结构性原因也是一个重要方面。旅游业的产业结构优化升级在整个国民经济发展中肩负着重要的职能，特别是要求努力提高服务业竞争力，在服务业的供给侧改革领域为经济社会发展提供新的有力杠杆。旅游产业中的产品、服务、交通、住宿、景区等结构的调整升级，将为整个产业发展提供重要的内部活力，形成系统论的整体大于部分之和的良好效应。

第四，旅游产业结构优化是提高旅游综合效益的重要手段。吉林省旅游经济的综合效应的提高，也必须诉诸旅游产业结构优化。吉林省旅游产业结构的优化就是从旅游经济综合性角度研究旅游产业结构的合理化和高度化，实现旅游业持续快速地发展。优化的内涵包括产值结构优化、资产结构优化、技术结构优化和劳动力结构优化等。旅游产业同时又与文化产业、体育产业、房地产、商品服务业、交通部分等息息相关，旅游产业结构的优化将为各个产业的整体推进发展提供良好的刺激作用，形成重要的牵引。总之，旅游产业结构优化的重大意义不仅仅限于旅游产业内部，它同时也构成了促进整个国民经济和社会良性发展的重要推进器。

第四章　吉林省旅游产业结构优化的制约因素

一个地区的旅游产业结构状况是由先天资源赋存、旅游人力资源、资本供给水平、旅游科技水平及投资结构等综合因素决定的，结构优化的制约因素也因此而产生。吉林省旅游产业在快速增长、迎来新的发展机遇的同时，也存在着一些制约发展的内在问题。下面从旅游资源赋存、旅游人力资源、旅游资本供给、旅游科技水平和旅游投资结构五个基本方面，分析吉林省旅游产业结构优化。

第一节　旅游资源赋存

旅游业是典型的资源依赖型行业，旅游资源赋存分为数量和品质两个方面。考察吉林省的旅游资源赋存情况，引入洛伦茨曲线（Lorenz curve）-基尼系数分析方法具有重要意义。洛伦茨曲线是在一个总体（国家、地区）内，以“最贫穷的人口计算起一直到最富有人口”的人口百分比对应各个人口百分比的收入百分比的点组成的曲线[94]。美国统计学家洛伦茨 1907 年提出了洛伦茨曲线。洛伦茨曲线，既不是折线 *OHL*，也不是 45°线 *OL*，而是横轴突出的弧线 *OL*。将洛伦茨曲线与 45° 线之间的部分 *A* 称为“不平等面积”，当收入分配达到完全不平等时，洛伦茨曲线成为折线 *OHL*，*OHL* 与 45°线之间的面积 $A + B$ 称为“完全不平等面积”。不平等面积与完全不平等面积之比，称为基尼系数，其是衡量一国贫富差距的标准[94-97]。基尼系数 $G = A/(A + B)$。基尼系数是 1943 年美国经济学家阿尔伯特·赫希曼根据洛伦茨曲线所定义的判断收入分配公平程度的指标[98]。基尼系数的实际数值只能介于 0～1，基尼系数越小收入分配越平均，基尼系数越大收入分配越不平均[99]。国际上通常把 0.4 作为贫富差距的警戒线，大于这一数值容易出现社会动荡，图 4-1 为 2014 年吉林省各市州 A 级旅游资源数目。

从吉林省各市州A级旅游景区资源数目可见，吉林省各市州之间的A级旅游景区数量分布差异较大。通过对吉林省各市州A级旅游资源数目进行基尼系数分析，得到吉林省各市州A级旅游资源数量的洛伦茨曲线（表4-1和图4-2），其中，延边州最多，为96个；长春市为45个；松原市为24个；吉林市为23个；白山市为21个；四平市为15个；通化市为14个；辽源市为12个；白城市为11个；梅河口市为4个；长白山管委会为2个；公主岭市为1个。整体分布呈现出非常不均衡的状态。吉林省各市州A级景区数量洛伦茨曲线进一步显示了旅游资源分布的差异性。当然，单纯的数量比较还不能完全反映旅游资源的分布差异，因为有的地区（长白山为典型）尽管资源数量较少，但品质极高，反而是最为重要的旅游资源区域。

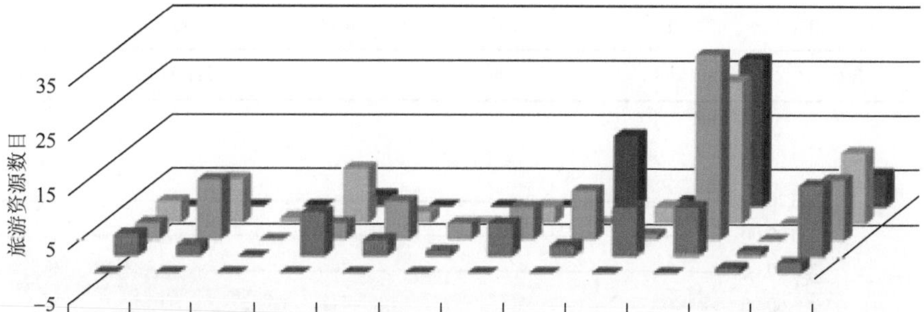

	白城市	白山市	公主岭市	吉林市	辽源市	梅河口市	四平市	松原市	通化市	延边州	长白山管委会	长春市
■求和项:5A	0	0	0	0	0	0	0	0	0	0	1	2
■求和项:4A	4	2	0	8	3	1	6	2	9	9	1	13
■求和项:3A	3	11	0	3	7	3	6	9	1	34	0	11
■求和项:2A	4	8	1	10	2	0	3	0	3	26	0	13
■求和项:1A	0	0	0	2	0	0	0	13	1	27	0	6

图4-1　2014年吉林省各市州A级旅游资源数目（见书后彩图）

表4-1　2014年吉林省各市州A级旅游资源基尼系数分析

区域	$G=0.804\ 69$			$C=1-G=0.195\ 31$	
	A级旅游景区数量	占总数比例/%	均匀分布度/%	实际累计/%	均匀累计/%
长春市	45	16.79	8.33	16.79	8.33
吉林市	23	8.58	8.33	25.37	16.67

续表

区域	$G=0.804\ 69$			$C=1-G=0.195\ 31$	
	A 级旅游景区数量	占总数比例/%	均匀分布度/%	实际累计/%	均匀累计/%
四平市	15	5.60	8.33	30.97	25.00
辽源市	12	4.48	8.33	35.45	33.33
通化市	14	5.22	8.33	40.67	41.67
白山市	21	7.84	8.33	48.51	50.00
松原市	24	8.96	8.33	57.46	58.33
白城市	11	4.10	8.33	61.57	66.67
延边州	96	35.82	8.33	97.39	75.00
长白山管委会	2	0.75	8.33	98.13	83.33
梅河口市	4	1.49	8.33	99.63	91.67
公主岭市	1	0.37	8.33	100.00	100.00
合计	268	100	100	711.940 3	650

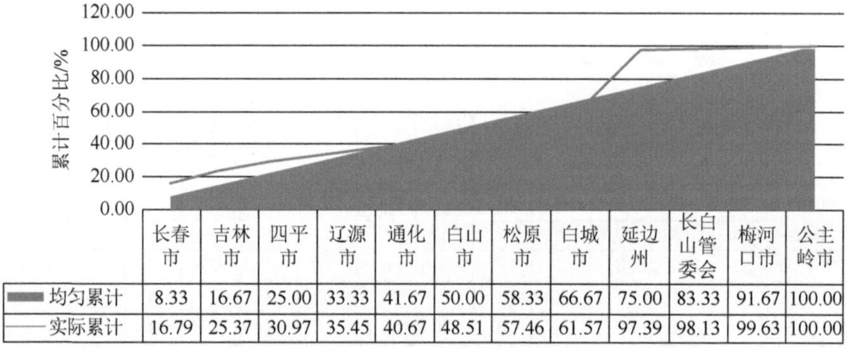

图 4-2　2014 年吉林省各市州 A 级景区数量洛伦茨曲线

由 2013 年吉林省与全国 A 级景区数量对比（图 4-3）可见，吉林省的 5A 级景区为 3 个，占全国总数量的 1.71%。全国 34 个省级行政区共 175 个 5A 级景区，平均每个省级地区为 5.147 个。吉林省为 3 个，低于全国平均水平。吉林省 4A 级景区有 65 个，占全国的 3.18%。全国各省级行政区 4A 级景区平均为 60.176 个，吉林省稍高于全国平均水平。吉林省 3A 级景区有 119 个，占全国的 4.92%。全国各省级行政区 3A 级景区平均数为 71.088 个，吉林省明显高于全国平均水平。吉林省 2A 级景区为 51 个，占全国的 2.76%。全国各省级行政区 2A 级景区平均为 54.382 个，吉林省低于全国平均水平。吉林省 1A 级景区为 8 个，占全国的 6.84%。综合分析，吉林省旅游景区的 5A、2A 级景区数量低于全国各省级行政区平均水平，而 4A、3A 景区数量则高于全国各省级行政区平均水平。这说明，吉林省的高品质旅游景区数量落后，而低品质景区数量较多。这是吉林省旅游资源禀赋的突出特点。旅游资源决定着一定旅游区的形成和类型，而且对旅游生产力的空间配置和规模产生重要影响。在制约吉林省旅游产业结构优化的资源赋存因素中，自然资源、人文资源是主要方面。

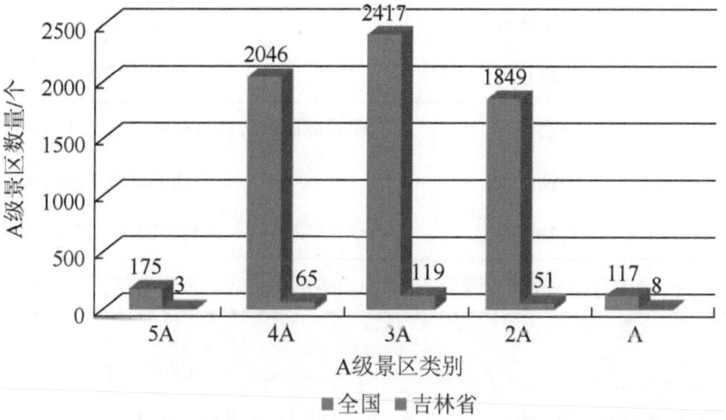

图 4-3　2013 年吉林省与全国 A 级景区数量对比（见书后彩图）

首先，自然资源赋存既是旅游产业的主要基石，又是制约其发展的基本因素。表 4-2 为 2013 年吉林省自然旅游景观类型及典型代表，即分布地带。

表 4-2　2013 年吉林省自然旅游景观类型及典型代表

类	亚类	典型代表
地质景观	岩石	吉林陨石
	山地	朱雀山、吉林北山、拉法山、肇大鸡山、凤凰山、三仙夹、罗通山、五女峰
	峡谷	长白山锦江峡谷

续表

类	亚类	典型代表
地质景观	喀斯特	通化鸭园洞、吉林官马溶洞
	火山熔岩	长白山火山景观、伊通火山群
	其他地貌	抚松仙人洞
水体景观	瀑布	长白瀑布、锦江瀑布
	泉	长白山温泉、长白山冷泉
	河界景观	图们江、鸭绿江
	湖泊景观	白头山天池、吊水壶风景旅游区、双阳湖、松花湖、净月潭、查干湖、白山湖、二龙湖、大布苏湖、龙山湖
	其他水体	向海水库、辉南三角龙湾、向海湿地、莫莫格湿地、月亮泡水库、星星哨水库、草原运河、海龙水库
气象气候景观	气候景观	冬日冰雪
	气象景观	吉林雾凇
生物景观	植物景观	净月潭国家级森林公园、长白山林海、长白美人松
	动物景观	长白山东北虎、梅花鹿
	动植物园景观	长春动植物公园、胜利公园、龙潭山公园、吉林江南公园
综合景观	自然保护区景观	长白山自然保护区、莫莫格自然保护区、向海自然保护区

从表 4-2 可以看到，吉林省各地市均有比较丰富的自然旅游资源，这是吉林所处的东北地区大环境的优势。但吉林省自然资源的丰富程度相对于资源强省，还有不小差距。随着经济的发展，吉林省旅游产业发展的资源后劲明显不足，自然资源整合等诸多方面的不足逐渐显露出来，成为阻碍旅游产业发展的重要问题。另外，吉林省各区域之间存在一定的差距。长春、吉林、白山、延边在全省范围内都有一定优势，其中自然旅游资源多集中于边缘地区。自然资源禀赋较好的地区，发展旅游业有着先天的优势。自然资源条件的分布不均，导致区域旅游吸引力存在较大差异，从而使区域旅游业出现了原始分化。一个地区旅游资源的丰度、特色、分布及开发保护水平，直接影响着游客流向、流量、旅游业经营规模、效益和发展前景。在旅游景区群落结构体系中，如果多个景区资源禀赋差异较小，资源条件较高的景区将会抑制资源条件较差的景区发展。

除以上两个方面之外，吉林省旅游产业自然资源的开发还必须受到生态文明建设的规划要求。生态马克思主义著名作家威廉·莱斯认为，如果中国和印度更深入地开发其工业的话，现有的环境负担将进一步加重。当前，我国已经下大决心保护生态环境和自然资源。十八大指出，要将经济建议、政治建议、文化建议、社会建议“四位一体”建设扩展为加上生态的“五位一体”建设。建设生态文明，是关系人民福祉、关乎民族未来的长远大计。资源危机是全球性现象，我国作为发展中大国，吉林作为老工业基地，面临的经济发展与资源保护之间的客观矛盾不能忽视。这又是制约吉林省旅游产业结构优化的一项自然资源方面的因素。

另外，相对自然资源赋存制约而言，人文资源对吉林省旅游产业结构优化的制约更加强烈。以往宣传夸大了吉林省的人文旅游资源。客观地说，吉林省旅游业的发展在相当大的程度上缺乏文化元气。

第一是吉林省的人文资源历史短、数量少、底蕴浅。由于古代长期以来为北方游牧民族统治，吉林地区所留下的人文古迹是非常有限的。近年来，长春市打造了一个人文地理品牌——“发现长春”。这诚然是一项重要工程，但从“发现”二字反观，就知道吉林省人文资源的匮乏程度和先天不足。表4-3为2013年吉林省人文旅游景观主要类型。从资料可见，相对沈阳为核心的辽宁地区不可同日而语，更无法与山海关以内地区相比拟。

表4-3　2013年吉林省人文旅游景观主要类型

人文旅游景观	类别	景观名称
历史古迹景观	古人类遗址	白城长岗子青铜文化遗址
	古城遗址	叶赫古城、珲春八连城、桦甸苏密城、敦化奥东城、前郭塔虎城、前伯都古城遗址、渤海国东京龙源府、丸都山城
	名人遗址	陈云同志故居
	重要史记	地质宫（伪满皇宫旧址）、伪满八大部、集安好太王碑、库里满蒙文石碑、四保临江纪念碑、荡平岭石碑、解放烈士纪念塔
	其他古迹景观	珲春龙虎石、吉林阿什哈达摩崖石碑、扶余大金得胜陀颂碑、梅河口女真摩崖石刻
古建筑景观	防御工程	和龙西长城、延边东炮台遗址、边墙、延边古城
	宫殿	郭尔罗斯前旗王府
	水利工程	万善石桥、珲春国境桥

续表

人文旅游景观	类别	景观名称
陵墓景观	帝王陵墓	舒兰完颜希尹家族墓、太王陵
	名人陵墓	集安洞沟古墓群、将军坟、杨靖宇将军陵园
	其他陵墓	敦化六顶山古墓
宗教景观	寺庙景观	吉林北山文庙、长春护国般若寺、农安金刚寺、通化玉皇庙、吉林松江中路天主教堂、善林寺
	塔阁景观	长白灵光塔、玉皇阁
城镇旅游景观	历史文化名城	集安、吉林市
	现代都市	长春市
	特色城镇	吉林乌拉街满族镇、梨树叶赫满族镇
社会风情	优秀旅游城市	长春、吉林、集安
	民俗	延边朝鲜族风情、安图朝鲜族民俗园，农安、北山庙会，吉林彩灯、冰灯、河灯
	购物	东北三宝、通化葡萄酒、通化松花石砚
	神话传说	满族起源的神话传说
	影视、戏曲	长影世纪城、二人转
纪念馆博物馆旅游景观	博物馆	吉林陨石博物馆、长白山自然博物馆、长春汽车博览园、四平战役纪念馆、伊通满族民俗馆
消遣娱乐旅游景观	公园	长春世界风景园、南湖公园、世界雕塑公园
	广场	世纪广场、文化广场、卡伦湖度假村
	滑雪场	吉林北大湖滑雪场、通化白鸡腰滑雪场、通化金厂滑雪场、通化千叶湖滑雪场
其他旅游景观	边境旅游景观	集安中朝边境、珲春图们江口三国边境、长白山中朝边境、临江、白山、图们、龙井、和龙中朝边境

第二是人文资源的文化含量和文化品位不高。很多时候将自然景观强加人文标签。例如，长春市 5A 级景区净月潭，风光确实秀美，但将之硬说成是台湾日月潭的姊妹潭，太过牵强。这种附会犹如文化学上的心虚和“傍大款”，不是提高，而是贬低了吉林省的文化品位。著名地理学家居伊·德波在谈到旅游文化浅薄化时批评到：旅游业——打包消费的人类流通，商品流通的副产品——其实不过是去观看什么将变得陈腐庸俗的一种机会。这是值得吉林省旅游产业深长思之的。

区位交通条件是与资源赋存紧密相关的因素。从空间相互作用理论来看，区位是发展地区旅游业的一个重要因素。所谓“天时不如地利”，区位不仅影响该区域对游客的吸引力，而且影响游客进入的可到达性。节省交易成本是人的天然取向。游客在选择旅游目的地时，多选择区位更好、交通更便捷、设施更完善的地域。目前吉林省各地区的区位交通条件及其对旅游产业结构的影响概述如下。

长春地势平坦，交通方便，北接哈尔滨，南接沈阳，在东北交通大动脉的中心。区位交通对发展长春旅游经济十分有利。但对于全国旅游市场，北国长春位置还是偏远了些，从而在旅游市场占有率上难以飞跃。第二大城市吉林，西临长春、四平，北与黑龙江省接壤，东接延边州，在1949～1954年是吉林省的省会。吉林市地处东北腹地长白山脉向松嫩平原过渡地带的松花江畔。从省内旅游来看，区位条件非常好，交通便利，但从东三省乃至全国来看，由于其地处吉林省偏东，并不在哈尔滨—长春—沈阳—大连大动脉上，交通状况影响了旅游竞争力。延边州地处中俄朝三国交界，是我国最大的朝鲜族聚居区，是吉林省对外开放的前沿，延边大学是吉林省三所“211”工程大学之一。延边拥有民航机场，交通水平得到提升，制约因素在于偏远。四平是连接长春与沈阳的中心，交通位置优越，是游客出入口之一。但由于资源的集中效应，长春的发展制约了四平，使之处在长春市的“灯影区”位置。多年来，四平的旅游资源开发与其经济大氛围一样，发展缓慢，尽管有红嘴开发区这样的著名经济圈，但整体实力不强。辽源市距离长春、吉林等稍远，并且与省直管市梅河口之间存在近地竞争关系，交通又不如梅河口（重要枢纽）便利，旅游业发展受到不小影响，是全省旅游产业发展最靠后的地区。通化市和白山市地处吉林省东部山区，地理位置边缘化，原始条件不佳。白城市和松原市地处吉林省中西部，以湿地草原为主要旅游资源。湿地分布区域一般都比较偏僻，加之不同湿地相距较远，使得旅程长而沿途景点少，其成为吉林省旅游产品中的冷门。由于交通可达性较差，景区集聚程度低，结构优化难度最大。

总之，地理区位好、交通便捷的区域，可进入性强，对旅游业发展起促进作用，反之则反。在开发时序上，良好的区位和便捷的交通能使区域获得优先开发，而区位差及交通不便的地区发展缓慢。

第二节 旅游人力资源

旅游产业不仅是资源依赖型产业，还是劳动密集型产业，因此人力资源供给也会对旅游产业结构产生很大影响。有研究认为，传统旅游形象定位仅仅在于地脉、文脉“二脉”，但这种理论在旅游开发与营销中存在多层次、产品观念导向、叠置性及时代感不强等缺陷，因此应向商脉、人脉两个影响旅游目的地形象的因子扩展。在旅游人力资源制约问题上，人口数量、人才素质和人员流动是三个主要方面。

日益增长的人口数量会对旅游产业结构产生巨大的影响。吉林省人口压力使得产业结构升级缓慢。目前，人口增长速度虽然受到了生育制度、经济和教育资源稀缺等社会条件的制约，但由于基数大，就业缺口依然明显。过度的人口增长会把国内资源过度地转化为衣食供给，而发展、享受受限，从而延缓了旅游产业结构的高度化和合理化。就旅游经济区而言，过多的人口进入旅游服务行业，造成市场失去原有规范，利润率下降。所以，在发展旅游的过程中，应当保证旅游投资和旅游从业人数之间的均衡增长。不加限制地允许旅游地居民进入旅游行业从业，将会导致旅游地经济的停滞不前。较为理想的状态是从业人数的增长小于投资的增长，这样才会有利于旅游地经济水平的提高。

制约吉林省旅游产业结构优化的另一个人力资源问题是就业人员素质不高。长期以来的老工业基地计划经济传统又束缚了市场经济理念的培育。吉林省二道白河某漂流单位从业者职业素质缺失，可以较为直观地证明上述现象。在长白山二道白河进行旅游产业发展情况实地调研时，对所发生的事件有清晰的记录。在漂流这一旅游活动中，车辆供给严重落后于游客人数；同时没有任何工作人员进行引导，结果是游客一直处于无序的状态，既影响了游客的体验，也对景区的形象产生了影响，更造成了安全隐患。从理论上来看，这种乱象的根源在于旅游企业（在此案例中为漂流组织企业）从业人员素质不高，没有任何维护长白山旅游品牌的观念，更不要说职业荣誉感。

人员流动是旅游产业结构优化人力资源制约因素的第三个方面。旅游业的竞争日益成为人才的竞争。所谓水往低处流，人往高处走。利益和发展平台是引导人才流动的风向标。拥有高素质专业人才的部门将在旅游产业整体发展中占据越来越重要的地位，消极方面就是使一些基层的、基本的工作岗位人才流失，从业人员素质下降。旅游产业也像个金字塔，高素质人才都向塔尖汇集，而塔基的人才空洞就愈加明显了。

第三节 旅游资本供给

旅游资本供给是制约吉林省旅游产业结构优化的又一个重要因素。旅游资本扩大再生产是旅游产业发展的基本前提，因而追加资本的供给对于旅游产业结构变化至关重要。旅游资本供给乏力，是制约吉林省旅游产业结构优化的一个重要因子。

首先，受长期以来的计划经济体制惯性影响，吉林省旅游产业资本供给的来源单一、动力缺乏。市场化程度低、资金缺乏、来源单一是吉林省旅游产业资本供给所存在的主要症结。由于吉林省经济发展水平相对滞后，一些地方处于“吃饭财政”的状态。当地政府在基础设施投入和重大项目投资方面的能力受到限制，这在很大程度上制约了吉林省旅游产业结构调整。旅行产业投资的特点恰恰在于市场化程度高，融资大，流动性快。从这个指标来看，吉林省的旅游业还处于所有制比较单一的阶段。所以，应制定相应的政策以吸引投资者，鼓励多种经济体制参与旅游业资本供给。其次，吉林省旅游产业资本的供给与需求不平衡。资本过剩会造成存量资源的浪费，使旅游产业结构非理性扩张。经费的充足而适量，将对旅游产业结构调整起到重大的影响作用。有研究者建议参照国际惯例，从旅游收益的企业在税后的利润中抽出1～2个百分点，设立旅游促销基金，用于吉林省旅游促销，或在土地年租金中提取固定比例等。最后，吉林省旅游资源开发的潜力也是一个重要因子。表4-4为根据吉林省旅游局统计资料和相关学者研究对吉林省旅游资源开发潜力的评价分析。分析表明：①目前吉林省旅游资源中，具有国际旅游吸引力的自然景观和人文景观都较少，并且开发资源局限于长白山景区等传统旅游目的地，吉林市的雾凇景观虽然国际旅游吸引力很高，但受气候的影响非常大，是一个虽然知名度高但旅游效益并不稳定的旅游资源；②吉林省旅游资源的国内吸引力总体并不高，受历史文化积淀较少的制约，发展潜力不足；③新兴的现代旅游项目如长春农博园、长春汽车博览会、长春民间艺术博览会等起到了近年来拉动周边城市旅游吸引力上升的作用，但受季节影响明显，从而制约了旅游产业资本追加和产出的持续稳定增长等。

表 4-4　2013 年吉林省旅游资源开发潜力评价

吸引范围	潜力分值	自然景观类	文化景观类
国际旅游吸引力	80.1～100	长白山天池；长白山林海；吉林雾凇	集安洞沟古墓群将军坟与好太王碑
	74.8～80.1	长白山锦江峡谷；长白瀑布；锦江瀑布；冬日冰雪	长春伪满皇宫博物院；伪满八大部；珲春图们江口三国边境；吉林陨石博物馆；长影世纪城
国内旅游吸引力	73.1～74.8	鸭绿江中朝边境；向海水库；长白山温泉；向海湿地景观；莫莫格湿地景观；松花湖；辉南三角龙湾；净月潭；月亮泡水库；查干湖；向海、莫莫格候鸟西部草原景观	长春农博园；长春汽博会；长春民间艺术博览会；梨树叶赫古城；吉林北山文庙；长白灵光塔；吉林乌拉满族镇；集安中朝边境；长白山自然博物馆；延边朝鲜族风情；长春汽车博览园；杨靖宇将军陵园；通化金厂滑雪场；长白山中朝边境；梨树叶赫满族风情镇；通化葡萄酒
周边城市吸引力	63.8～73.1	通化鸭园溶洞；磐石官马溶洞；白山湖	长春百花园；长春百木园；长春大鹅岛生态饭店；长春护国般若寺；吉林文庙；珲春八连城；桦甸苏密城；舒兰完颜希尹家族墓；敦化六顶山古墓；敦化敖东城；珲春画虎石；安图朝鲜族民俗园；通化松花石观
省内吸引力	63.8 以下	抚松仙人洞	吉林北山；吉林化工厂；农安金刚寺；通化玉皇庙；和龙中朝边境；通化千叶湖滑雪场等

第四节　旅游科技水平

技术进步是产业结构优化升级的动力和杠杆，推进创新是产业结构优化升级的核心。图 4-4 为科技进步对产业结构的作用方式，从中可以看到，科技进步对于产业结构的优化作用是全方位的。

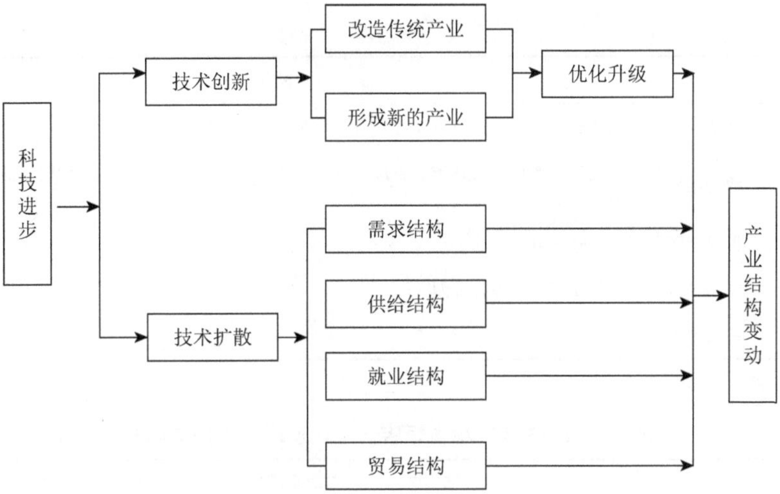

图 4-4 科技进步对产业结构的作用方式图

在信息化时代，科技水平越来越成为各个产业结构优化升级的动力。当前吉林省旅游产业对信息化技术的应用尚处于初级阶段，还不能完全满足日益增长的市场需要。从表 4-5 和表 4-6 可以看出，在网络建设方面，吉林旅游网自 2001 年末建成以来，已与全国 31 个省份和世界较大的知名网站进行了友情链接，为广大游客搭建了方便快捷的服务平台；吉林旅游信息网、长白山旅游服务网、伪满皇宫博物院网以及各大景区的网站也已经构建起来。问题在于网络更新和网络应用推广，目前知名度和应用程度尚待提高。

表 4-5 2013 年吉林省旅游网站类型统计表

序号	类别	网站
1	综合网址	吉林旅游政务网、吉林旅游信息网
2	名山胜水	长白山旅游服务网、长白山旅游网、长白山天池旅游网、长春净月潭
3	人文古迹	伪满皇宫博物院网、吉林北山
4	旅游机构	吉林省中国旅行社、吉林市吉之旅旅行社、长白山保护开发区管理委员会、吉林省长白山松江河恒惠旅行社、吉林省珲春国际旅行社、延边阿里郎国旅
5	酒店宾馆	长春香格里拉大酒店、长春紫荆花酒店、长春名门饭店、吉林雾凇宾馆、吉林世纪大饭店、延边白山大厦
6	车友之家	长春宝来车友会、吉林卡罗拉车友会
7	旅游论坛	长白山生态旅游论坛、长白山旅游论坛、长白山自助旅游论坛、长春自游人户外论坛

续表

序号	类别	网站
8	交通运输	吉林省交通厅、吉林省高速公路管理局、吉林省运输管理局
9	政府机构	延边州旅游局、吉林省旅游局、长春市旅游局、吉林市旅游局、通化市旅游局、白山市旅游局
10	世界遗产	高句丽王城
11	主题公园	吉林龙湾国家森林公园
12	各类展馆	吉林博物馆

表 4-6　2013 年吉林省饭店信息化管理情况抽样调查

星级	名称	网址情况	网上搜索情况	预订房间情况	在线支付情况
5	香格里拉大饭店	有	有	有	有
5	名门饭店	有	有	有	有
5	紫荆花饭店	有	建设中	有	建设中
4	乐府大酒店	建设中	建设中	建设中	建设中
4	吉隆坡酒店	有	建设中	有	建设中
4	中日友好会馆	有	建设中	有	建设中
4	长春国际会展中心大饭店	有	建设中	有	建设中
4	长春华侨饭店	建设中	建设中	建设中	建设中
3	长春国贸饭店	建设中	建设中	建设中	建设中
3	长春国际大厦酒店	建设中	建设中	建设中	建设中
2	长白合家欢假日宾馆	建设中	建设中	建设中	建设中
2	北国之春大酒店	建设中	建设中	建设中	建设中
2	天湖宾馆	建设中	建设中	建设中	建设中

当然，相对一些特殊产业而言，旅游产业对科技水平的依赖并没有那么高。罗马俱乐部代表人物丹尼斯·米都斯指出，一些人谈论未来时，对技术抱有明显的乐观主义。言外之意，科学技术不是万能剂，在旅游产业尤其如此。这是我们在对待科学技术制约因素时应采取的态度。

第五节　旅游投资结构

旅游产业也是资金密集型产业，吉林省旅游产业存在的一系列问题都与投资结构有着种种关联。从旅游产业内部各行业结构来看，资金投向偏好主要受投资倾斜政策、投资者的投资偏好等方面的影响。学术界普遍认为区域旅游供给的五大空间影响要素是：吸引物、交通、住宿、支持设施和基础设施。各种要素之间的投资比例显然会对整体旅游产业结构产生重大影响。当前，改善吉林省旅游投资结构的首要任务是改善交通投资。中心地理论学家克里斯塔勒认为，交通只有一少部分是独立的经济因子……交通只起着纽带作用，在存在交换需求的条件下，交通使交换成为可能。然而在现代社会，交通凭借其纽带作用而成为经济中非常重要的因子。表 4-7 为吉林省“十二五”规划交通重点项目。

表 4-7　吉林省“十二五”规划交通重点项目

项目名称	投资/亿元	项目内容
高速公路	1800	重点建设鹤大高速小沟岭至抚松和靖宇至通化、集双高速集安至通化和通化至东丰至双辽等项目
铁路	约 1900	重点建设长春至白城、四平至松江河、松江河至白河至延吉、白河至敦化等连接市州和长白山的快速铁路和能源运输通道、出省通道及完善路网结构等 25 个铁路项目，建成哈尔滨至大连、吉林至珲春铁路客运专线
机场	72.7	新建通化机场、白城机场、松源机场，实施长春龙嘉机场二期工程，改扩建和迁建延吉机场
口岸	4.6	投资亿元，扩建珲春铁路口岸，新建南坪铁路口岸、开山屯铁路口岸、双目峰口岸等

对于吉林东部和西部的部分地区基础设施落后的状况，应加大基础设施建设资金的投入，解决旅游的可进入性问题。另外，要大力发展公共交通，缓解交通堵塞压力。绿色出行，考验着吉林省旅游交通结构的改善。在建设过程中，应该广泛吸收先进经验。这是一个前沿性课题。事实证明，我国东南沿海地区之所以经济社会文化发展长期居于全国前列，这与其得天独厚的临江滨海条件是密不可分的，是与各个城市之间方便快捷的交通条件密不可分的。吉林省要实现旅游产业的大发展，必须把交通条件改善列为首要的任务来抓紧抓好。此外，旅行社和旅游饭店投资建设，也是重要的问题。随着人们生活水平的提高，旅游过程中对于硬件设施的要求也越来越高，旅游已经从以前的纯粹观光变成了集观光、度假、休闲、娱乐于一体的整体性享受行为。没有良好的酒店服务、健全设施，就不会

形成对于全国游客特别是中等以上收入群体的旅游吸引力。旅游基础设施的结构性短缺迫使旅游产业结构不得不服从现有旅游设施设备使用效率的“木桶原理”，形成低水平均衡的状态。吉林省各地区应增强对基础设施和旅游设施的投资力度，带动第三产业的发展；对影响吉林省声誉的乱象进行清理清查，严格管控好出租车、车站、机场等场所的秩序治安。最后，旅游宣传促销投资不足，导致吉林省旅游资源知名度不高。与经济发达省市和一些旅游大省比较，吉林省旅游投入还较低。旅游投入的不足导致难以形成旅游精品，而且一个旅游精品的维护更需要不断追加投入。特色旅游品牌优势不明显及知名度不高。旅游投入不足往往使一些好的旅游项目从开发之初就被列入低档次行列。宣传促销投入过少，手段落后，市场营销队伍专业化水平亟待提高。旅游产品品种少、客源国单一的局面有待改变。因此，大力改善旅游投资结构，是吉林省旅游产业结构优化必须予以认真思考的问题。

第五章　吉林省旅游产业结构的优化路径

吉林省旅游产业结构的优化是一个系统工程，其具体实施路径包括优化动力、优化内容和优化方式三个基本维度。优化动力是由政府驱动、市场驱动和企业驱动所组成的动力群，优化内容主要包括产品优化、产业优化和空间优化，优化方式主要包括目标优化和过程优化两项内容。探讨这些基本性的优化路径，就是为实践对策的制定找到牢固的“抓手”，从而能够全方位地透视吉林省旅游产业结构优化的工程图。

第一节　优 化 动 力

在吉林省旅游业发展的现阶段，政府主导作用是培育发展旅游业的重要保障，市场是当今和未来旅游产业结构优化的长远动力，旅游部门的相关企业依照价值规律的作用升级自身经营模式是微观基础。优化吉林省旅游产业结构的动力，要从省情实际、国家政策、市场经济体制发展和旅游产业自身规律等多个方面着手来进行研究。

一、政府的驱动

吉林省是东北老工业基地振兴的地理枢纽，在文化传统上受计划经济影响较深。旅游业的一些产业特质以及我国的具体国情，决定了政府在优化吉林省产业结构的过程中具有重要的驱动作用。充分发挥政府的宏观调控作用，通过规划、政策、政府营销推广等方式促进旅游产业结构的调整，是优化动力的基本方面。

一是政府的发展规划驱动。无论中央政府还是地方政府，制定经济社会发展规划时要有旅游意识，是指与“美丽中国”相对应的大旅游观，在整个国民经济社会发展的规划中都要体现旅游意识。就吉林省而言，旅游业的规划和管理有待进一步加强。吉林省大部分县市尚未设立旅游行政管理机构，旅游行政管理依托于其他相关部门，难以将旅游工作放到重要位置，实际工作中由于体制不顺，不能顺利开展工作。对此，要进行科学规划，实现旅游产业可持续发展。要将党的十八届五中全会所提出的一系列重要发展理念与吉林省旅游产业发展实际紧密结合，以理念创新促发展思路创新，以发展思路创新促旅游产业规划创新。

二是政府的发展政策驱动。发展政策是发展规划的具体化，是将发展理念落实为发展实际的中介。制定好促进吉林省旅游产业发展的政策，就是为产业发展提供有力的指挥棒。从产业政策的性质和作用看，产业政策是一国经济发展战略的具体化，不同经济发展阶段的国家，产业政策的内容和重点是不同的。但是，它们一般都是建立在商品经济基础上，不仅弥补和完善市场机制，而且在一定程度上超越市场机制。产业政策是一个有机体系，图 5-1 体现了基本方面。

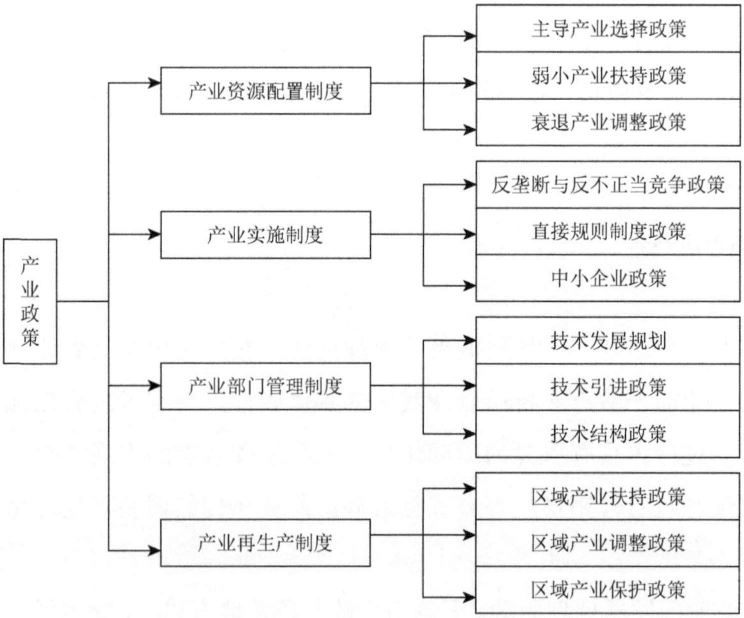

图 5-1　产业政策体系图

三是政府在旅游产业运行中的宏观调控驱动。首要的就是资源配置的社会化问题。在旅游发展规划过程中，吉林省要充分发挥政府的引导和指导作用，根据各地区的具体情况和旅游经济发展的需要，针对规划要求，制定相应的政策和法规，进一步强化旅游行业管理，规范旅游市场秩序，充分调动社会各界投资主体和经营主体的能动性。微观市场主体的直接出发点总是追求利益的最大化，由此既形成了市场经济的活力，又造成了市场失灵的风险。政府必须履行好调节经济运行的职责，保障各个主体在法律框架之内运行，遏制违法经营、破坏市场经济正常秩序的行为。

四是政府引入广泛的社会参与驱动。单纯依靠政府的有限能力解决复杂的社会问题是远远不够的。有研究认为，旅游产业结构调整应授权居民自行决定旅游发展目标，将居民意见纳入政府的决策之中。同时，政府应积极引入专业研究者的意见建议。社会学家贝尔指出，大学日益成为后工业社会的主要机构……今天，在基础研究领域从事研究工作的大多数科学家都在大学里，大学成了政府和公共组织所需要的专门知识人才的来源，甚至大多数批评家和作家今天都在大学就业。大学已成为统治集团文化的中心。吉林省应充分发挥吉林大学、东北师范大学、延边大学、吉林省社会科学院等智力集团的力量，实现学术研究与产业实践的良性互动。

五是政府组织宣传营销的驱动。对旅游营销进行财政投入有其合理性和必要性。政府组织的经济社会活动要为旅游业搭建平台，如开展各种博览会、庙会、电影节、武术节、冰雪节活动等。吉林省的旅游发展潜质既在于不断开发既有传统文化资源，更在于适应时代发展而打造商业与文化相结合的旅游品牌。例如，东北亚投资贸易博览会打出了长白山旅游和经济品牌，为长白山景区的深度开发奠定了扎实的宣传基础，凝聚了良好的人气、商味；昭示了伪皇宫的伪满历史，将吉林省的爱国主义教育资源向全国宣传开来；介绍了净月潭的森林公园风貌，把自然与人文景观更好地融合起来；介绍了长影世纪城以及老长影厂等旅游产品，将长春的电影城文化名片效应进一步放大，使长春向国际化城市迈进。与此同时，我国南方旅游产业发达省份，以及黑龙江、辽宁、内蒙古等毗邻兄弟省份的旅游产业宣传也应纳入吉林省学习借鉴范围。

二、市场的驱动

只有面向市场需求调整旅游产品供给、开发市场以扩大旅游产品经济效益，才能真正建立起符合市场经济规律的现代旅游产业结构。市场要发挥资源配置的基础性作用。旅游业的健康和持续发展要以充足的旅游客源市场做保障。要打破地域界限，走出去推销自己，在激烈的市场竞争中掌握市场的主动权。市场经济与计划经济对于产业结构的影响方式是根本不同的，只有市场经济才能为产业结构的优化升级提供更好的基础。表 5-1 为计划经济和市场经济对产业结构的影响比较。

表 5-1　计划经济和市场经济对产业结构的影响比较

名称	计划经济	市场经济
经济体制的开放性	较为封闭	较为开放
所有制结构	公有制占主体	包含公有制和私有制
资源分配方式	国家计划为主	市场调节为主
价格体系	受国家控制，不能完全反映资源的供求状况	市场调节，能够反映资源的供求状况
要素流动性	较弱	较强
企业行为	预算软约束，企业缺乏监督和激励	预算硬约束，企业缺乏监督和激励
产业结构	第二产业比重很大，第一和第三产业比重较小	与经济发展水平相关
就业结构	第一、第二产业比重很大，第三产业比重较小	与经济发展水平相关
经济运行状况	持续的短缺	短缺和过剩周期性出现
经济效率	较低	较高

与苏联相似，我国在 1978 年以前，实行了计划经济体制。十一届三中全会后，我国实行了改革开放的政策。制度是产业结构变动深层次的因素。在供需机制的长期作用下，我国旅游产业也完成了从“卖方市场”到“买方市场”的转变。

党的十八大报告指出要“更大程度更广范围发挥市场在资源配置中的基础性作用。”吉林省特色旅游产品客源市场是重要的优化动力。吉林省内客源开发以长春、吉林、延吉、四平等区域性中心城市为主，因为这些城市的居民收入相对较高，对旅游的愿望相对较强，开发潜力巨大，且对于周边地区会形成引导示范效应。应充分发挥吉林省的与城市生活相异的丰富的自然风光旅游、休闲度假旅游等生态旅游资源，开辟新的旅游景点、旅游景区。政府应对生态旅游饭店等集餐饮、观光于一身的企业进行相应扶持，以开发好这一个新的旅游产业发展增长点。加强节庆活动期间的旅游项目安排，并且根据现代社会节日文化普遍化、多元化的特点来设计开发新的旅游项目资源。近年来，各个商家大打节庆牌，而将这些节庆活动与旅游产品开发结合起来，就会形成新的旅游客源市场。

吉林省外客源市场中，一级市场为各个毗邻地区，主要为辽宁、黑龙江、北京、内蒙古等，二级市场为地理位置正相形成两极对照的地区，如广东、福建、云南、四川等，三级市场为其他的省份。这一格局同时是各个省份旅游客源市场结构普遍规律的反映。表 5-2 展示了吉林省主要海外客源市场入境旅游人次。由于市场驱动可以衡量，可运用定量方法进行分析。在关于市场驱动的研究中，运用灰色关联度分析方法对吉林旅游产业系统的各部门因素进行分析，可以指出今后旅游产业结构调整的基本方向和发展重心。

表 5-2　2008～2013 年吉林省入境游客来源地比较数列　（单位：人次）

	2008 年	2009 年	2010 年	2011 年	2012 年	2013 年
入境游总人数 Z_0	524 625	582 861	721 590	854 940	1 009 035	1 075 757
日本 Z_1	69 598	70 263	73 564	74 650	55 125	52 925
韩国 Z_2	219 533	247 767	314 931	377 940	443 453	508 743
菲律宾 Z_3	879	886	932	871	1 400	5 116
新加坡 Z_4	7 216	7 426	8 414	9 568	9 921	19 955
英国 Z_5	1 324	368	1 396	1 524	3 310	6 855
德国 Z_6	14 425	15 532	17 692	21 406	33 747	52 627

续表

	2008 年	2009 年	2010 年	2011 年	2012 年	2013 年
俄罗斯 Z_7	176 044	199 837	259 765	317 054	319 743	322 961
加拿大 Z_8	1 410	1488	1522	1608	7 182	5 853
美国 Z_9	5 798	5 849	6 586	7 364	23 391	19 235
其他国家 Z_{10}	28 398	33 445	36 788	42 955	111 763	81 487

假设商标数据中 Z_0 为原始数据母序列；n 为影响因子的数量，$Z_1,Z_2,\cdots,Z_n$ 为 n 个影响因子；m 为时间长度；r_i 为 Z_0 与影响因子 Z_i 间的关联度；L_i 为 t 时刻其他因素 Z_i 对指标 Z_0 的关联系数，灰色关联分析法主要考察因素 Z_i 与基准序列 Z_0 相关联程度[100-106]，根据下式计算，得到表 5-3。

$$r_i = \frac{1}{m}\sum_{t=1}^{m} l_i(t), L_i(t) = \frac{\Delta_{\min} + \alpha\Delta_{\max}}{\Delta i(t) + \alpha\Delta_{\max}}(t = 1,2,\cdots,m)$$

式中，α 为分辨系数，$0 < \alpha < 1$，在通常情况下，α 为 0.5。

$$\Delta_1(t) = \left|Z_1(t) - Z_0(t)\right|, \Delta_{\max} = \max \Delta_1(t), \Delta_{\min} = \min \Delta i(t)$$

表 5-3　2008～2013 年吉林省入境旅游与各国关联系数

国别	关联系数
日本	0.799 12
韩国	0.956 83
菲律宾	0.789 33
新加坡	0.869 90
英国	0.747 85
德国	0.866 23
俄罗斯	0.949 48
加拿大	0.745 87
美国	0.790 88
其他国家	0.823 92

注：关联系数越大，证明该国的游客对吉林省的旅游贡献越大，越有利于旅游开发。

从以上分析可以看出，2008～2013 年，吉林省的入境旅游人数每年增长，分布在各个入境旅游国家也同样是每年增长的态势。主要的入境国家有日本、韩国、菲律宾、新加坡、英国、德国、俄罗斯、加拿大、美国。从关联系数来看，韩国的关联系数最高，为 0.956 83。俄罗斯的关联系数第二，为 0.949 48。新加坡的关联系数第三，为 0.869 90。德国的关联系数第四，为 0.866 23。日本的关联系数第五，为 0.799 12。美国的关联系数第六，为 0.790 88。菲律宾的关联系数第七，为 0.789 33。英国的关联系数第八，为 0.747 85。加拿大的关联系数第九，为 0.745 87。这九个国家对吉林省的旅游贡献最高，其他国家之和的关联系数为 0.823 92，不及排在第四名的德国一国的贡献率。

其中，日本、韩国、俄罗斯同为东亚国家，因此与吉林省有着地缘同属关系。韩国尤其因为传统上奉长白山为圣地、延边州为朝鲜族自治州等民族文化和历史渊源因素，是吉林省旅游产业持久、稳定的客源国。韩国的入境旅游客源人数增长最为迅速，数量稳定，2008～2013 年一直居于境外入吉林旅游各国之首，2013 年达到 508 743 人次。俄罗斯在客源人数上仅次于韩国，2008～2013 各年度都排在第二位，2013 年达到 322 961 人次。日本居于第三位，其与韩国、俄罗斯的入境贡献持续增长态势相同的时段是 2008～2011 年：2008 年为 69 598 人次，居于第三位，2009 年为 70 263 人次，居于第三位，2010 年为 73 564 人次，居于第三位，2011 年为 74 650 人次，居于第三位，每年持续递增。而日本与韩国、俄罗斯不同的时段是 2012～2013 年，2012 年为 55 125 人次，相比于上一年度下降了 19 525 人次，2013 年为 52 925 人次，呈现出持续下滑态势。

菲律宾、新加坡为东南亚国家，相对来说也因地缘关系对我国进而吉林省的旅游业发展具有较大的客源贡献。其中，很重要的因素是这两个国家的华侨非常多，其与祖国的关联十分密切，新加坡则更是以华裔人群为基本构成主体的城市国家。新加坡 2013 年的客源贡献为 19 955 人次，仅次于韩国、俄罗斯、日本、德国，排在第五，如按入境人数占该国总人口比重计算，则为世界上入境旅游人数最多的国家。2008～2013 年，新加坡的客源人数持续增长，2012～2013 年更是出现了翻一番的大增长，这与十八大之后中新两国经济文化等领域合作的加强有着密切的联系。菲律宾的旅游贡献人数也是持续增长，特别是 2011～2012 年和 2012～2013 年，分别增长了 60.73%和 265.43%，实现了爆炸式的增长。

英国、德国、加拿大、美国等是西方发达国家和旅游业大国，其世界性影响强，游客分布广泛，从而也明显反映在吉林省入境旅游的指标中，东北三省中入境旅游人数如表 5-4 所示。从表 5-2 可以看出，德国的入境旅游人数贡献最高，2008～2013 年持续增长，且始终高于同期其他发达国家。德国入境旅游人数的居高，与德国大众汽车公司与中国第一汽车集团有限公司保持合作关系有着紧密联系，这是经济交往加强文化交往的一个典型表现。美国的入境旅游人数在欧美发达国家和地区中居于第二位，2008～2011 年稳定增长，2011～2012 年则出现大幅度增长，2013 年人数又有所回落，但仍远远超过 2011 年之前的水平。加拿大和英国的入境人数非常相似，2008～2013 年都是稳步小幅增长，也体现出两国与中国外交、经济、文化等关系的政策稳定性。

表 5-4　2013 年辽宁、吉林、黑龙江三省入境旅游人数比较

国家	辽宁省的入境旅游/人次	吉林省的入境旅游/人次	黑龙江省的入境旅游/人次
日本	302 632	52 925	23 879
韩国	403 312	508 743	185 742
马来西亚	43 840	7 997	3 739
菲律宾	20 541	5 116	2 877
新加坡	106 024	19 955	12 880
泰国	13 966	7 740	2 625
美国	11 329	19 235	33 010
加拿大	20 937	5 853	16 713
英国	49 747	6 855	8 780
法国	64 115	8 287	14 076
德国	57 598	52 627	5 987
俄罗斯	283 372	322 961	972 879
澳大利亚	22 207	8 165	9 039
其他	336 512	49 298	157 944

从东三省的比较来看，总体上辽宁省的旅游吸引力要强于吉林、黑龙江两省。在吉林、黑龙江两省的比较中，各国的旅游贡献率是有一定差异的。旅游需求的空间分布指的是旅游者的地理来源和强度。其集中性可以用地理集中指数来进行定量分析[107-111]：

$$G = 100 \times \sqrt{\sum_{i=1}^{n}\left(\frac{X_i}{T}\right)^2}$$

式中，G 为客源地的地理集中指数；X_i 为第 i 个客源地的游客数量；T 为旅游地接待游客总量；n 为客源地总数。游客来源越少越集中，G 值越接近 100；G 值越小，则客源地越多、越分散，对于任何一个旅游目的地，客源地越分散，旅游经营越趋稳定，如客源太集中，易受到客源地（国）社会、经济、政治等变化的冲击。地理集中指数可用来比较同一时段不同旅游目的地的客源集中程度。代入地理集中指数公式计算得出：

辽宁省 $G_1 = 39.59$　　$n = 14$

吉林省 $G_2 = 63.90$　　$n = 14$

黑龙江省 $G_3 = 47.402$　　$n = 14$

可见，吉林省的 G 值为 63.90，在东三省中最接近 100，说明吉林省的游客来源少而集中，这就使得吉林省旅游产业经营的稳定性较差，容易受到国际关系的影响。特别是日本、韩国、朝鲜，其对于吉林省入境旅游的贡献率受到国际政治形势的巨大影响，从而也使吉林省的旅游产业有很大的波动性。相比之下，辽宁省 G 值最小为 39.59，说明其客源地数量多而分散，由此经营趋于稳定。黑龙江省次于辽宁省而好于吉林省，G 值为 47.402。

按国别具体分析，日本对辽宁省的旅游贡献率最高，对吉林省的旅游贡献率也高于黑龙江省，这与其海洋国家与渤海湾、黄海的天然地缘关系紧密相关，也与经济贸易往来紧密相关。韩国对吉林省的旅游贡献率最高，其原因前面已经分析过。马来西亚、菲律宾、新加坡、泰国等东南亚国家，对于辽宁、吉林、黑龙江三省的旅游贡献率都较高，其中辽宁第一，吉林第二，黑龙江第三。美国对吉林省的旅游贡献率高于辽宁省，但低于黑龙江省。加拿大对辽宁省的贡献最高，黑龙江省其次，吉林省最末。英国、法国对辽宁省的入境旅游贡献率远远高于吉林省，对黑龙江省的贡献率略高于吉林省。德国入境旅游贡献率对于辽宁省最高，吉林省紧随其后，远远超过黑龙江省。俄罗斯由于与黑龙江省的地理、历史、经贸渊源，入境旅游贡献率对于黑龙江省最高，其次是吉林省，最后是辽宁省。澳大利亚的入境旅游客源数量在辽宁省最高，其次是黑龙江省，再次是吉林省。其他国家对于辽宁省的入境旅游贡献率最高，其次是黑龙江省，二者分别为 336 512 人次和 157 944 人次，远高于吉林省的 49 298 人次。综合判断，吉林省的整体入境旅游吸引力不及辽宁、黑龙江两省。而东三省在整个全国的旅游目的地吸引力方面又靠后，由此可见吉林省的旅游资源客源数量较为落后，需要做出巨大的努力来加强。

除了吸引境外游客，针对港澳地区，应大力开发对南方游客有吸引力的特色旅游产品，利用距港澳地区产品差异大、旅游市场互补性强的特点，增强旅游产品的神秘性和吸引力。旅游业是一个天然的市场经济行业，市场融合度高。市场作为优化产业结构的驱动力是与旅游流概念相联系的。狭义的旅游流仅指客流，而广义的旅游流包括游憩流以及与此相关或伴生的关联流如信息流、资本流等。以发达的市场来吸引旅游流，是市场驱动的题中应有之义。

三、企业的驱动

企业为利润最大化而展开的竞争与合作，是促进吉林省旅游产业结构不断优化的重要因素。从竞争机制来看，采取共同行为的竞争者们，尽管它们之间继续进行竞争，但是对外却成为一个有关利益者的共同体，产生某种方式的、具有合理制度的社会化的倾向也会日益增强。企业为自身利益而进行的经营优化，汇集成一种合力就会对整个旅游产业结构产生总体影响。

第一，各企业的旅游产品开发对旅游产业结构调整的驱动。企业为提高利润而善于挖掘、包装特色旅游产品，有助于旅游产业结构的优化。旅游是感性审美与理性审美的统一，有文化作为牵引的旅游是高品质的旅游。最近一个时期，我们注意到长春公交车内开始集中介绍伪满皇宫博物院历史，这是一个好的开端。企业敢于创造特色旅游产品，弥补产品的空白，也有助于旅游产业结构的优化。例如，近年来新兴的动漫产业，将之包装成优质新型旅游产品推出，能够为吉林省旅游产业增加新的增长点，并且能在旅游名牌的基础上再升华。但创造切忌牵强附会，如将净月潭称为台湾日月潭的“姊妹潭”，不知出处在哪里，反而弄巧成拙。旅游品牌和旅游产品特色的打造，需要侧重在与同类旅游产品的差异上进行。

企业可以从打造名人效应和艺术感染力等方面宣传其特色旅游产品，这将有利于旅游产业结构的优化。例如，黑龙江的太阳岛，只因1983年春节晚会郑绪岚唱红了大江南北的著名歌曲《太阳岛上》，旅游吸引力就急速增强。旅游活动是一种文化活动，旅游吸引力特别是人文色彩浓厚的旅游目的地的吸引力，与宣传、历史等因素紧密相关。吉林省的旅游行业从业者们也对此有深切的感悟。例如，关于“长白山水怪”的传说，如果避免陷入封建迷信和耸人听闻的误区而用艺术的方式进行宣传美化、用科学的方式加以包装宣传，则会达到增加旅游魅力的积极效应。与增强旅游目的地吸引力相关，基础设施建设是最为基本性的保障，尤其是随着人们生活水平的提高，人们外出旅游更加注重舒适。事实证明，接待条件好是旅游产业发展的一个重要前提。吉林省各地区旅游收入与星级宾馆数比较，从中可以看出旅游基础设施建设与旅游总收入大致呈正比关系。

第二，企业之间的利益相关机制对旅游产业结构调整的影响。这些利益相关者包括企业的股东、债权人、雇员、消费者、供应商等交易伙伴，也包括政府部门、当地居民、当地社区、媒体等。这些利益相关者都对企业的生存和发展注入了一定的专用性投资，企业的经营决策必须要考虑它们的利益，并给予相应补偿。吉林省的景区业、饭店业、旅行社业、旅游商品业等企业，是一个利益相关体；同一行业的各个企业之间既有竞争，更有合作共赢。在全球经济陷入危机的情况下，旅游业扮演着极其重要的救世角色。对于因美国次贷危机导致的金融危机，尽管人们采取各种解释模型对之进行分析，但都同样虚拟经济的泡沫性因素。而旅游经济作为一种实体性经济，能够有力拉动经济的增长，再分配社会收入。吉林省旅游业的利益格局调整同时是对整个经济社会利益格局调整的一个有力推动。受历史原因的影响，吉林省的现代意识较南方地区薄弱，影响着社会发展。将吉林省各个旅游企业进行规范化的市场整合，有利于整个产业结构的优化升级。企业通过竞争机制、价格机制等杠杆，能够成为旅游产业结构优化的微观基础。总之，旅游业需要“看不见的手”与“看得见的手”的联手介入，需要旅游企业进行企业经营模式创新，这样旅游资源才能实现合理优化配置，整个产业结构才能得到良好的优化。

第二节　优 化 内 容

从优化内容上看，产品优化、产业优化和空间优化是吉林省旅游产业结构优化的重点。当然，各个优化内容之间是有机联系的关系，是相互支撑、相互制约的一个整体，因此对这些优化内容的考察应是一个分析与综合相统一的过程。

一、产品优化

旅游产品有广义和狭义之分。广义上其包括旅游品牌、旅游线路、旅游模式、旅游活动等方面，狭义上的旅游产品指的是有形的、一般作为动产的旅游商品。这里我们所分析的旅游产品指广义的。很多学者预言，旅游产业未来的市场营销将是“品牌之战”。随着全球化的发展和同业竞争的加剧，很多旅游目的地的雷同化程度都在增加，因此为了能够使旅游消费者感知该地与众不同，旅游产品优化成为大多数旅游目的地的发展战略。

产品优化包括单位旅游产品品质的优化和各个旅游产品之间关系的协调。在单位产品品质方面，需要认真推行产品质量提升计划，全面提升吉林省特色旅游产品质量。研究旅游产品的构成，也就是研究不同类型旅游产品之间的组合情况，按照一定的原则对其进行优化，使旅游产品构成趋于合理，以此带动目的地旅游业的发展。旅游产品优化是吉林省旅游产业结构优化的最重要内容。从原则上来看，吉林省旅游产品应当向适合不同层次、不同文化背景的旅游者的方向努力。从具体侧重点上看，针对目前以自然风光、民族风情为主的单一观光旅游产品，吉林省应进一步加强会展商务、休闲度假、康体健身等特种旅游产品的开发及精品名牌旅游产品的培育。

首先，优化旅游产品结构应实现各个产品之间的动态协调。当前吉林省旅游产品的构成趋多样化，但与实践发展相比依然滞后。在旅游产品中除冰雪旅游、观光旅游等传统产品开发较好外，其他相关旅游产品的吸引力未能发挥出来。旅游产品构成不合理，结构相对单一。例如，传统观光旅游产品内容不够丰富，与周边环境的协调程度低，旅游产品的体验度差。大多基于大众旅游市场，缺乏专业性的、深度的观光旅游产品。旅游产品始终脱离不了“小而全”的局面，没有培育出有竞争力的品牌产品。专项旅游产品有待深入开发。吉林省专项旅游发展条件优越，如冰雪旅游、产业旅游、节庆会展旅游等产品。有特色的生态旅游区和线路有待形成。鉴于上述情况，应重点建设“五大”产品体系的计划：一是生态旅游产品体系；二是冰雪旅游产品体系；三是边境旅游产品体系；四是民俗旅游产品体系；五是乡村旅游产品体系。

其次，优化旅游产品结构应精心打造吉林省特殊旅游产品的品牌。市场经济是品牌经济。很多旅游区在经营过程中得出的经验是：景区效益 = 品牌 + 制度 + 理财，品牌占据第一的位置。可以说，品牌代表着旅游产品的品位、旅游企业的实力和服务质量，对游客而言也代表着安全感和信任感。因此，树立自己独特的品牌对旅游景区而言是占领市场、扩大旅游吸引力和生命力的重要方法。培育旅游品牌，并使其具有国内乃至国际竞争力，是提升吉林省旅游业整体竞争力的重要举措。培育一批旅游集团品牌（旅行社、宾馆、餐饮、景区、交通等）、旅游目的地品牌，构建整体的旅游品牌体系，并通过一系列渠道向国内外推广，从而形成具有鲜明特色的吉林省旅游形象。品牌的意义在于，可以通过先期打造高质量的商品来巩固消费者的信赖心理，一旦信赖感、认同感稳固之后，就可以一本万利地获取源源不断的旅游来源红利。因此，形成旅游品牌是一个地区乃至国家发展旅游产业的重要战略，对于吉林省这样的新兴旅游省份尤其具有经济社会文化发展价值。

最后，优化旅游产品结构应巧妙提升吉林省旅游产品的文化内涵。包装一向都是市场经济品牌营销的基本战略。随着人们文化水平的提高，包装也日益由奢侈品模式包装向文化作品模式包装转变。前文提到，由于历史的原因，吉林省的文化底蕴相对于一些悠久和发达地区较为浅薄，但为了发展旅游业，官方文件与相关部门在宣传过程中又讳言这一点，而是以笼统的“历史底蕴丰厚”来敷衍。所以，只有正视现实才能寻求相应的对策，以高密度的文化攻势来弥补吉林省旅游产品的文化课。兹以借鉴北京百望山打造文化碑林景区的经验做法为例。在众多的北京自然、人文名胜中，百望山相形见绌，但它出奇制胜，打造了恢宏的古代、现代和名人书法艺术碑林，从而成为独一无二的旅游品牌。相比之下，在精心维护原始风光的基础上，吉林省一些景区完全可以借名人、文化工作者乃至普通游客的优秀作品，来增强文化底蕴。可以说，利用各种渠道引入文化参与、提升文化品位、打造文化品牌，将是一件极具效益潜力的工作。

二、产业优化

这里的产业优化系从狭义而言，主要指旅游产业中的各个行业之间技术经济联系的协调，以及与此相关的旅游市场结构、旅游企业结构、旅游消费结构和旅游管理结构等。研究产业优化的基本原理，需要对产业系统各要素的互动机制有一个概观。地理学家大卫·哈维指出，“系统内各元素之间可能存在的关系类型图解：①连续关系：→A→B→；②平行关系：→A→//→B→；③反馈关系：←→A→←；④配合关系：→A→B→A”[112]。这些机制同时就是理解和优化吉林省旅游产业结构的基本机制。

从吉林省实际出发，旅游产业结构优化的内容主要包括以下方面：一是优化旅游市场结构。这又是与优化旅游产品结构紧密相关的。针对目前吉林省以观光型、经济型为主的客源结构，要面向未来，大力开拓会展商务、休闲度假、特种旅游、康体健身等国际国内客源市场，以期招徕更多的高消费高素质海内外旅游者，扩大旅游市场。通过促销的方式把产品信息传达给消费者，不断发展和改善旅游市场以适应旅游需要，使旅游者得到最大的满足。前面分析了吉林省旅游吸引力的范围问题，从中发现毗邻省份辽宁、黑龙江、内蒙古的游客数量较多，遥远省份西南地区和港澳台的客源也相对较多。考虑扩散效应问题，这些毗邻与遥远省份的旅游吸引力较为恒定，其增长潜力也可观。在维护市场客源的过程中，吉林省的旅游企业和管理部门切忌犯短期行为的错误，须知“一锤子买卖”的低劣服务质量甚至欺诈行为将直接失去客源的信赖，从而终止其宣传传播行为，进而对吉林省旅游市场结构造成消极影响。再从客源数目较少的其他省份来看，吉林省的旅游市场扩展必须敢于在宣传上下足功夫，全力开发对吉林省旅游目的地感到陌生的人群的潜在市场。从增长比例来看，中间省份的客源开发过程较为艰难，但一旦开发成功之后的收益也将是颇为可观的。在这一方面，云南省的宣传经验特别值得借鉴。同样是西南地区，同样拥有海量的宝贵旅游资源，由于云南宣传力度大、方式多，目前其对于东北三省游客的吸引力已远超贵州省，其中的道理值得认真玩味。

二是优化旅游商品结构。旅游商品生产应注重民族特色、地域特色，纪念性、艺术性与实用性相结合，逐步形成结构合理、市场畅销、附加值高的旅游商品产业。传统营销中的4P策略即产品设计、产品定价、渠道建设、宣传促销是提高旅游商品知名度的基本方式，吉林省尤其应该进一步加强电视媒体宣传促销。对传统的东北三宝要以强烈的时代感予以重新包装，并采取分级定价的方式来提高商品档次。应围绕长白山物种多样性做好旅游特色商品的制作、包装、宣传、营销，特别是对蜂蜜、蜂王浆、野山参、鹿茸、灵芝等商品进行品质提升，采用互联网＋的营销模式结合旅游产业进行开发。吉林省采取文化产业旅游化、旅游产业文化化进而开发出新的旅游商品类型，也是一个富有前景的战略规划。例如，将吉林省动漫产业的发展与旅游商品开发结合起来，建设动漫体验馆、制作动漫模型、开展动漫真人秀节目等，都将对游客特别是青少年游客产生强大的吸引力。再如，将长春民间艺术博览会的品牌做大做强，形成向外宣传吉林省民间艺术的一个靓丽窗口；将辽源市东丰县闻名全国的农民画艺术广泛宣传开来，并与工艺品制造形成联合，开发富有关东农村文化特色的剪纸、绘画、器皿、工具等。这些都是开发新型旅游商品的潜在领域。

三是优化旅游企业结构。通过深化国有旅游企业改革，整合旅游行业，按照社会主义市场经济的要求培育吉林“龙头”旅游企业，推动旅游企业改革与集团化发展，增强吉林旅游企业在国内外旅游市场上的核心竞争力。旅行社业内部的关系要进一步理顺，形成既资源共享、又相互独立竞争的良好格局。餐饮业向文化、生态型餐饮企业的方向发展。近年来，长春市大鹅岛生态饭店的波澜起伏很直观地展现出生态型餐饮企业对旅游产业的拉动作用。最初，大鹅岛生态饭店凭借位于长春市周边的低价优势，奠定了自己在生态旅游饭店行业当中的领先地位。大鹅岛内林木茂盛，鸟语花香，各种小动物极具观赏性，因此成为吸引长春本地乃至吉林、四平、松原、辽源等地游客休闲度假的好去处，实际上其承担了免费公园的重要职能。但因为维系庞大的生态系统（小型动植物园）所需费用很高，餐饮收入难以支撑，面临着倒闭的危险。2013 年左右，与大鹅岛相邻的长春市百花园、百木园建成开放，大鹅岛周边遂成为更大型的旅游目的地。由此，游客转化为餐饮消费群体，大鹅岛终于度过了经济难关，如今成为与百花园血肉相连的知名企业，形成了双赢的利益格局。相反，2011 年之前位于南部高速路口的红太阳喜富得生态饭店，则因为无力维系绿色生态系统高额费用而倒闭。我们认为，吉林省文化和旅游厅应当本着系统的思维，借鉴大鹅岛、红太阳喜富得生态饭店或成功或失败的经验教训，促进旅游产业与餐饮行业的协调发展。除了生态型餐饮企业外，历史文化型主题饭店的兴起也成为旅游产业新的经济增长点。例如，长春市东岭南街等地的 1942 大年初一民国风格饭店连锁店和长春市通化路的成吉思汗蒙古烤肉店等，都肩负着餐饮与旅游的双重职能。这些企业如果能得到相关政府部门的支持，则能够为城市旅游发展发挥更大的职能。

四是优化旅游消费结构。消费结构与产品结构相对应，而又具有独立性。要在游客的旅游消费活动中打造“旅游场”。旅游场是旅游活动存在的一种基本形式，具有能量、动量和质量，影响和作用于其中的旅游流的产生、集聚与扩散，反映场内各源点之间的相互作用关系。通过旅游场的构建来丰富消费结构，是优化旅游产业的一项重要举措。2015 年后，吉林省长春市南湖公园引进了一套技术先进的游乐园设施，从而盘活了南湖公园的创收能力。南湖公园位于长春市多所高校之间，吸引着长春市的周边居民和广大学子。引入疯狂老鼠、海盗船、跳楼机、旋转木马、碰碰车、大风车等游乐设施，不仅增加了整个公园的人气，而且由于满足了青少年群体追求刺激、挑战极限的需要，创造出了巨大的经济效益。优化吉林省旅游消费结构的另一项潜在领域是扩大电影院行业。近年来，万达集团已经在长春市、吉林市等地开设多所影院，吸引了广大影迷。同时，普泰影业等也开始在辽源、东丰、梅河口、柳河等三线、四线城市抢占先机，从而形成了投资影院行业的一轮热潮。从目前的趋势来看，电影院业的空间尚有，距离市场饱和还有一段距离，因此正是改善旅游消费结构、增加国民收入的好契机、好渠道。

五是优化旅游管理结构。在发挥政府宏观调控旅游发展的同时，要充分发挥市场机制的作用，发挥行业协会作用，大力招商引资和吸引民间资本投入旅游产业的开发和建设，全面提升吉林省旅游产业的管理水平和发展活力。我们可以从产业融合的大视野理顺吉林省旅游产业结构优化的基本思路。积极推进旅游与文化相融合，推进旅游与运动融合，推进旅游与优势产业融合，推进旅游与新业态融合。这些对策具有很强的现实针对性，而关键在于落到实处。十八大召开以来，“实干兴邦”的口号弥漫在神州大地，我们期望这一股来自高层的政治新风能够带给吉林省旅游产业结构调整以重大的推力。从目前的旅游管理来看，不尽如人意之处甚多，严重地影响着吉林省的旅游形象。旅游管理是政府部门的一项重要职责，旅游管理水平的高低从一定程度上反映出政府的服务意识、管理能力和现代治理水平。吉林省旅游管理部门要面向未来、面向世界提升行政理念和行政水准，将目光投向广阔的外部市场而不是故步自封。少数思想落伍的领导干部亟待克服权力寻租的封建思想糟粕，亟待转变观念。要把实施蓝海战略作为重中之重，敢为人先，在无人区中探索发现新的生机活力，从而引导吉林省旅游产业走向新的境界。

三、空间优化

旅游空间结构是旅游系统的空间表达，旅游空间结构的优化是吉林省旅游产业结构优化的重要组成部分。由于在旅游空间结构研究中，将客源市场的空间区位作为一个既定的前提，旅游空间结构实质上就是旅游生产体系的空间投影，其实反映的是不同地区旅游发展绩效的差异。旅游空间结构研究由来已久。美国景观建筑学大师 Clare. A. Gunn 于 20 世纪 60 年代提出旅游区规划的概念模式，奠定了相关研究的基础[113]。大卫•哈维认为，地理学史至少在部分上可以看成是地理学空间概念的历史[114]。由于旅游是建立在地理基础之上的，空间结构构成了旅游学研究的核心问题之一[115]。由于发展不平衡，区域问题是中国社会经济发展中面临的主要问题，协调与处理好区域关系是一项长期而艰巨的任务。邓小平指出：“让一部分人、一部分地区先富起来，大原则是共同富裕。一部分地区发展快一点，带动大部分地区，这是加速发展、达到共同富裕的捷径。”[116]根据邓小平的战略思想，中央系统实施了分阶段分步骤实现各个地区发展的工程。在江泽民担任国家主席期间，提出了西部大开发的重要战略。江泽民指出："要把逐步缩小东部与中西部地区发展的差距作为一条长期坚持的重要方针。"[117]中央做出西部大开发的决策后，国务院先后批准，对吉林延边朝鲜族自治州等地区，在实际工作中比照有关政策措施予以照顾。胡锦涛在担任国家主席期间，进一步提出了东北老工业基地振兴的战略。党的十八大报告进一步指出，继续实施区域发展总体战略，充分发挥各地区比较优势。紧紧抓住振兴东北老工业基地和东北区域旅游一体化的重大机遇，优化吉林省旅游空间结构，意义十分重大。从自然旅游资源与人文旅游资源的划分来看，吉林省自然旅游资源涉及的基本类型为 62 个，人文旅游资源涉及的基本类型为 82 个，所以吉林省是一个以自然旅游资源为主，人文旅游资源为辅的省份。这种天然的客观条件决定了吉林省在优化旅游产业空间结构时必须把握好重点论与两点论的统一，既突出自然资源特色，又将人文资源开发作为长远规划。各个地区的资源数量不同是一方面，各个资源的优质程度不同则是另一方面。

由此，吉林省旅游空间总体布局呈"中心三角、外围三角"同心圆格局。同心圆格局的优势在于交通网状结构带来的旅游空间转移便利，能够实现旅游目的地的串联反应。吉林省旅游产业空间战略之一是提升长白山地区在旅游空间总体布局中的重要地位，以"中心三角"和"外围三角"带动全省旅游的共同发展。连接各旅游圈，形成一体化的大旅游圈，必须构筑便捷畅通的旅游交通网络，主要对策包括完善旅游交通网络的连接程度、兴建并修缮旅游地风景区道路，形成一个畅通便捷的交通网络。交通网络建构必须立足于全省发展的通盘考虑，同时要考虑与黑龙江、辽宁、内蒙古等周边毗邻省份的有机联系，形成东三省加内蒙古的大交通网络格局。其中，要重点构建"六条"旅游产业发展带，推动旅游产业转型升级。"六条"旅游产业发展带分别是：长吉城市辐射集散带，即吉林省中部核心城市区旅游产业带；环长白山生态休闲观光带，即吉林省东部山区生态旅游产业带；向海、查干湖草原湿地风光带，即吉林省西部地区生态旅游产业带；鸭绿江及高句丽文化带，即吉林省与朝鲜接壤地区的边境旅游产业带；四平、辽源满族风俗体验带，即吉林省民族民俗文化旅游产业带；大图们江东北亚国际旅游带，即吉林省与俄罗斯、朝鲜、韩国、日本等周边国家开展经济贸易往来的旅游产业带。旅游空间结构受基本地理面貌制约，具有较大的稳定性。但同时，旅游地复杂系统演化存在着大量的非线性因素，使其演化过程可能突然变得不连续。在省内国内经济发展的动态条件下，在东北老工业基地振兴过程中，旅游空间结构也应不断进行进一步的优化调整。面对新形势，应选择激流勇进而非刻舟求剑。

第三节　优 化 方 式

建立在政府、市场和企业基础上的优化动力，只有再以合理的优化方式来加以实施，才能真正实现吉林省旅游产业结构优化的目的。优化方式分为目标优化和过程优化两个方面，目标优化是在发展理念的层面上完善产业结构调整所要服务的取向，过程优化是在具体实施中要把握住的方法论原则。

一、目标优化

在目标优化方面，应立足于当今时代发展要求，重点从生态文明与和谐社会构建两个大的方面着手，改善吉林省旅游产业结构调整目标。党的十九大报告指出：增进民生福祉是发展的根本目的。必须多谋民生之利、多解民生之忧，在发展中补齐民生短板、促进社会公平正义。贯彻落实党的十九大精神，践行习近平新时代中国特色社会主义思想，推进改革开放、推进国民经济的现代化和可持续发展，必须紧紧抓住提升人民生活品质这个中心工作，将提升人民的生活品质作为经济、社会现代化和可持续发展的核心指标。吉林省旅游产业结构调整中的目标优化，也应当从民生改善和可持续发展两个方面展开。

第一，强化社会公平与民生改善目标，以和谐旅游推进和谐社会建设，将吉林省旅游产业结构调整为能够大力促进民生改善和社会和谐的健康格局。这一目标的子目标之一是促进吉林省农村经济社会发展。党的十八大报告指出：“要加大统筹城乡发展力度，增强农村发展活力逐步缩小城乡差距，促进城乡共同繁荣。”旅游产业在这一过程中，将发挥巨大的支撑性作用。由于吉林省以自然旅游资源为主体，而自然旅游区多处于农村地带，以旅游产业促进当代经济社会发展，加快农村的城镇化进程，具有重要的意义。农村地区的旅游产业应朝着正规化的方向发展，不能放任当地居民随意进入旅游业，不能放任旅游景区服务不受正规部门监管。子目标之二是促进吉林省社会秩序的平稳与和谐。社会和谐是一个总体性目标，旅游产业的发展在其中扮演着重要的角色。旅游业是一个蓬勃发展的新产业，其事故发生的可能性随着旅游活动的增多而不断增大。尤其是新型旅游类型如极限运动、自然探险、冰雪运动、漂流等，存在着一定的危险性。另外，旅游业的敏感性和脆弱性决定了旅游业必须注重安全。旅游地的卫生问题也会直接影响旅游者的健康与游兴，成为旅游地能否吸引游客、持续健康发展的重要环节，旅游地事故的预防与控制非常重要。吉林省在发展旅游产业的过程中，应当以社会和谐与人民安全为重要目标，限制过于惊险刺激的项目泛滥，同时加大安全监管力度和加强顾客投诉制度建设。在食品安全方面，饭店业与景区都应进一步加强监管，尤其要汲取海南省旅游餐饮业引起全国性讨伐的教训。还有研究者分析了旅游道德体系的构建问题，通过旅游对游客以及旅游接待部门的道德要求实践，来探讨旅游产业结构调整过程中维护和谐社会构建的问题。

第二，强化可持续发展目标，积极发展生态旅游，以旅游业发展为生态文化建设提供积极动力，围绕保护环境、维护生态平衡来调整旅游产业结构。由于契合了可持续发展理念对旅游业的要求，生态旅游成为旅游发展的主要潮流之一。作为最大的发展中国家，我国对待环境、资源、生态的态度引起了全世界的关注。著名生态学马克思主义者威廉·莱斯的研究指出，首先在苏联然后在其他地方，社会主义作为工业化和经济发展的手段来指导物质基础的建设，是实现个体和普遍自由所必需的……然而，社会主义在其目前的阶段还必然持前面所说的观点，征服自然作为一种熟悉的意识形态会在那里再次产生。他以一个西方人的眼光描述了中国加快现代化步伐而采取的大量开采资源、以征服自然为目标的发展进程。进入 21 世纪以来，特别是随着科学发展观的提出，我国日益将保护生态作为发展的重要目标和准则。这是一个重要的思维方式更新，正如罗尔斯顿在《生态伦理是否存在》中所指出的：生态学不承认有一个高高在上、与其环境对立的封闭的自我。

因此，按罗尔斯顿的观点，人类应该从对自然的宰制思维中挣脱出来，以人与自然的和谐共存为新的价值取向。在旅游产业的结构优化中，以生态文明作为发展目标，不仅有利于旅游产业本身的可持续发展，而且对于整个国家的生态文明建设具有基础性的意义。国内的生态旅游研究很早就已经展开了，而近十年来我国生态旅游理论研究的状况取得了不断的进展。关于生态旅游产业的规划发展和生态旅游地的开发与管理，学界从开发模式、生态旅游商品开发等方面进行了探讨。吉林省旅游产业以自然资源作为主体产品，因此面临的生态文明建设任务十分繁重。近年来，长白山旅游线路开发力度加强，黄金周旅游日益火爆，长白山原始森林的生态保护压力在不断增大。如吉林市，由于这座城市山水生态与化工污染共存，长期以来呈现出山清水秀、风景宜人和空气恶臭（主要为松花江江北地区）、白烟冲天的矛盾状况。人们乘车每次路过吉林市江北，不需要看窗外的地标，只要闻到化工排放物的味道就知道在什么位置了。化工产业是吉林省的支柱性产业，而旅游产业是吉林省的朝阳性产业，二者的矛盾既客观存在，又难以短期解决。即使在旅游产业内部，也有高消耗行业与低消耗行业、高污染企业与低污染企业、低碳旅游项目与高碳旅游项目等的分别。调整其比例与构成，绝不是一个简单的规划问题，而是实实在在的利益格局调整问题。

可见，树立生态文明目标不是一个简单的理论问题，而是涉及各个产业部门之间关系的大问题。生态旅游理论研究要注重在深度和广度上加以扩展，从侧重于对个别领域或单项要素如旅游规划和自然保护区的研究，向注重对多个领域如社区居民、旅游主体行为的研究转变。可以说，建设一个名副其实的美丽吉林，任重而道远。

二、过程优化

实现上述优化目标，必须坚持过程的合理化。因此，过程优化是吉林省旅游产业结构优化方式的保障性路径。综合考虑，吉林省旅游产业结构优化的过程优化应主要包括以下几个方面。

一是坚持旅游产业发展过程的可持续性。这是上述生态旅游优化目的的直接要求。我国是以马克思主义为理论指导的社会主义国家，然而在我国长期以来的社会发展理论中，缺少了弥补马克思身后的可持续社会发展理论的重要部分。进入 21 世纪以来，特别是在科学发展观提出之后，我国经济的可持续发展模式逐渐建立，也为旅游产业的可持续发展提出了时代要求。吉林省属于资源大省，开采资源的规模大、时间长，而生态保护意识相对淡薄。在优化旅游产业的过程中，必须坚持旅游发展的可持续性，将发展重点向能够有效保护生态的旅游行业、企业转移。要汲取旅游产业开发较早的国家和地区发展过程中的经验教训，避免焚林而猎、竭泽而渔的短期行为。要把代际公平作为实现资源使用公平的重要题中之意。目前，长白山地区的保护力度总体上能够适应维护可持续发展的要求，但与此同时也要注意近年来多个集团公司开发长白山饭店度假产业的趋势。既要考虑增加经济收入、扩大旅游投资规模、打造知名旅游品牌的一面，也要考虑保持长白山原始森林风貌、维护生态系统平衡的一面，在经济效益、社会效应和生态效应的协调发展中进行综合规划。

二是研究旅游产业发展过程的周期性。加拿大地理学家巴特勒 1980 年提出了旅游地生命周期理论，他认为每个旅游地都将经历资源发现—开发启动—快速增长—平稳发展—衰落或复苏的过程。旅游目的地的周期性吸引力与餐饮业、艺术品的文化吸引力等一样，本质上是建立在人的需求变化本性和审美节奏基础之上的。因此，做好形式创新工作对于延长旅游地生命周期、创造形成新的旅游目的地生命周期具有重要作用。吉林省最初的旅游资源仅仅限于长白山，经过改革开放 40 多年的发展，吉林省已经开发出遍布全省的旅游资源。各个景区则显示出不同的命运。例如，对游客的旅游吸引力而论，长白山和松花湖“老当益壮”，伪满皇宫博物院基本上是“一锤子买卖”，而长春伊通河则仅仅是长春市民消夏的去处，长春雕塑公园则日益萧条“未老先衰”。延长旅游地的生命周期，使之不断迸发出新鲜活力，关键在于进行产品创新、宣传创新、经营模式创新。例如，要把长春市长春公园、朝阳公园、牡丹园、儿童公园、动植物园、君子兰公园的旅游生命周期延长，通过展会、节庆、书画活动、灯谜等形式将文化活动与旅游结合起来，赋予传统公园新的生机活力。要将农博园的优势广阔场地进行全年度的运用，将春节花会、元宵节灯会、端午节纪念、中秋节赏月等活动串联成有规模、常态化的大型游园活动，进而在长春市民乃至全省、邻省形成节奏化的认知，从而吸引游客参观游览消费等。

三是以旅游交通基础设施建设作为活动开展的枢纽。近年来，吉林省的交通运输有了较好的发展，道路质量有了较大的提升，但随着私家车的增多等，市内交通改善缓慢，且有拥堵加剧的现象。特别是省会长春，拥堵严重，在 2018Q2 全国主要城市交通拥堵指数排名中，长春在全国“堵城”排行榜里排名第四。特别是节假日期间，交通状况难以满足出行的要求。为了加强交通管理、提升旅游吸引力，陆路方面，吉林省应对主要客源地区直开国内、国际旅游专列或增加车次，尽量采用有地方特色的交通工具。应对小型电动车、摩托车进行规范管理，鼓励骑自行车出行，加大对公交车辆的支持力度，在市民可接受的范围内可试行增加车次、按路程计费等改革。水路航运方面，贯通松花江水上航线是发展重点，沟通西部旅游带、中部旅游带与东部旅游带。改善辽河、浑河、伊通河的水质，在雨水充沛的季节争取开设观光游船。吉林省距离日本海十分近，但由于历史原因没有出海口，这造成了交通不便。应加强国际交流合作，争取拥有吉林省驶向日本海和太平洋的出海口，从而为旅游产业和整个国民经济发展创造良好条件。民航方面，要改善设施落后的龙嘉机场，加强机场出租车管理，尽量满足远途旅客的出行要求，在旅游旺季可适时开通国内外旅游专机服务。要加快建设吉林省“一个中心、三个基本点”的航空体系，向形成立体化的空中交通网络方向不断前进。

四是充分发挥假日旅游在旅游产业中的支撑性作用。假日旅游不仅是创造经济效益的重要时间段，实际上也是反向倒逼旅游产业优化结构、改善交通状况、加强管理的重要契机。实践证明，旅游产业发展的成熟程度往往都是建立在对以往经验教训的总结基础之上的。吉林省专门设立的全省假日旅游协调组织，通过整体布局调控，为游客营造出了良好的旅游环境，基本实现了“黄金周”旅游“健康、安全、秩序、质量”目标。通过假日旅游宣传和旅游信息预报等方式引导游客合理安排旅游出行活动。在春节、清明、劳动节、端午节、中秋节、国庆节假期中，可提前做好预案，增加新的旅游景点和休闲场所供游客和市民选择，尽量分散客源，形成热门景点降温、冷门景点升温、整体布局合理的新型旅游目的地客源分布结构。各个企事业单位应依法贯彻好年假制度、轮休制度，避免过于集中的休假潮从而对城市交通和旅游景点造成拥挤效应。总之，将节日假日进行符合各单位实际情况的合理拆分，既是社会进步、尊重人民群众休息权的重要体现，又是改善旅游产业结构、合理分布客源空间的现实要求。表 5-5 为 2013 年春节黄金周长春市各旅游景区接待情况。

表 5-5　2013 年春节黄金周长春市各旅游景区接待情况

项目 景点	指标			
	接待人数/万人次	同比增长/%	门票收入/万元	同比增长/%
净月潭	0.4	20	9.5	22
伪满皇宫博物院	0.23	1	5.4	–45
雕塑公园	0.015	持平	2	持平
长影世纪城	0.13	3.4	23	3.57
莲花山滑雪场	0.076	–2	12	1
农博园	2	—	5	—
新立湖滑雪场	0.03	–15	1.2	–10

第六章　吉林省旅游产业结构优化的对策建议

在前文对吉林省旅游产业结构现状、优化制约因素以及优化路径研究所进行分析的基础上，本章尝试研讨优化产业结构的具体对策建议。从总体思路看，应加大投资力度，扩大产业规模，推动产业升级，培育市场主体，深化改革创新，实现产业链接，全面提升旅游产业素质和核心竞争力。从具体措施看，应明确吉林省旅游产业优化的原则和目标，进而从吉林省旅游产业内部结构和空间结构两个基本方面着手开展工作，并相应完善结构优化的组织、资金和人才保障体系。

第一节　吉林省旅游产业结构优化的原则和目标

优化原则与目标，是在顶层设计的意义上明确吉林省旅游产业结构优化的方向和途径，具有理论引导和行动指针的基础性作用。

一、优化原则

在吉林省旅游产业结构优化的过程中，应坚持好规划先导、市场运作、改革创新与可持续发展等基本原则。

（一）规划先导的原则

旅游规划是顶层设计，是进行旅游开发和管理的基础和依据。吉林省旅游产业要高水平规划，高起点开发，高标准建设。旅游规划即对旅游资源优化配置以期达到资源的最佳利用。规划包括对区域发展三要素进行配置，并对旅游区开发所产生的社会影响进行评估，以及确定开发的时间段，制定旅游区开发的相关政策及措施。规划先导首先要研究透吉林省旅游目的地的自然属性。这是因为在计算时，地理的数量比起人文的数量来可以更好地测定，更接近于稳定不变。所以，根据吉林省的实际情况，坚持突出地域特色，打造关东品牌，在旅游产品开发和设计的同时寻求与其他地区的不同之处，以促进全面发展。

（二）市场运作的原则

坚持市场运作，借助市场机制配置资源，整合要素，引资开发，这是市场经济和全球化条件下优化旅游产业结构的重要原则。诺贝尔经济学奖得主萨缪尔森说："中国等曾经严重依赖于集中计划体制的发展中大国，很有必要去进一步理解和把握市场经济制度的精髓。"我国的市场经济才刚刚起步，规范化程度还很低，因此在旅游产业发展过程中应特别坚持市场对资本配置的基础性作用。马克思指出，"一般利润率通过竞争而平均化……竞争会把社会资本这样地分配在不同的生产部门中"[118]。在市场机制发挥作用的过程中，通过竞争来优化资源流向，才能真正地将产业结构调整合理。旅游产业中的景区业、饭店业、商品业、旅行社业等行业企业，只有在充分竞争的条件下才能够将利润率平均化，进而实现资本流动，从而优化产业结构。因此，《吉林省旅游产业壮大计划》提出，立足市场经济体制，坚持投资拉动，实施项目带动，促进产业集聚。

（三）改革创新的原则

依靠科技进步来推动产业结构优化升级，这是提高国民经济整体素质的普遍需要。吉林省旅游产业发展尤其应坚持改革创新，破除体制机制障碍，优化发展环境，坚持内合外联，促进区域联动共赢。在宏观产业结构方面，以"大旅游"为发展理念，实现吉林省旅游的整合。吉林省的旅游业虽然发展较快，但是旅游产业规模较小，创新能力弱，与旅游业发达地区相比处于劣势。因此，应加快扩大旅游规模，提高产品档次。在微观产业结构方面，大力引进和培育一批具有竞争优势的信息化旅游企业。技术创新是企业的灵魂和生命线，企业应将科研与生产有机结合，走产学研相结合的道路，提高旅游产品开发能力。

（四）可持续发展的原则

在旅游产业得以良性发展的同时，不影响其他产业的发展，这样才能实现产业结构优化升级过程的高速有效。马克思就注意到了自己生活时代的生态环境问题：在一定时期内提高土地肥力的任何进步，同时也是破坏土地肥力持久资源的进步。具体到调控旅游产业对吉林省区域的积极影响方面的原则：一是应进一步强调保护生态环境的必要性；二是强调保护人类遗产和生物多样性的必要性；三是发展的同时要保证目前的生产力能实现永续发展。表 6-1 是传统旅游与可持续旅游的比较，从中可以看出后者的优势所在。

表 6-1　传统旅游与可持续旅游的比较

名称	传统旅游	可持续旅游
1. 目标	利润最大化 文化与景观资源的游览	经济、生态效益最大化 环境资源和文化价值完整性的享受与研究
2. 受益者	开发商和游客为净受益者	开发商、游客、当地社区和居民分享利益
3. 管理方式	游客第一，有求必应 渲染性的广告	生态系统承载力第一，有选择地满足游客需要 温和适中的宣传
4. 正面影响	创造就业机会 刺激区域经济短期增长	创造持续就业的机会 促进经济发展
5. 负面影响	旅游对环境的消极作用很容易对旅游区形成污染	旅游对环境的消极作用可以控制在环境的自我调节能力的范畴内

二、优化目标

通过对吉林省旅游业发展现状及机遇分析，吉林省旅游产业结构优化应当确立以下一些发展目标。吉林省旅游产业发展的总体目标，是构建以长白山为龙头，长春、吉林两大地区及其一体化为重点的旅游发展格局，表 6-2 为吉林省工农业示范点。吉林省旅游产业结构优化的具体措施如下。

（1）提高旅游产业在国民经济各产业中的地位以促进经济发展。通过发展旅游产业促进吉林省经济发展，是发展旅游产业的首要目标。吉林省旅游产业的经济影响力只有获得大发展，才能不断挖掘其旅游发展潜力，使旅游产业正向经济影响力不断增强。

（2）调整产业的内部结构和空间结构，增强旅游目的地吸引力。打造一批国际知名、国内一流的旅游产业集聚区。旅游航线网络进一步完善，支线机场的建设与改造基本完成。注重各产业之间的协同、合作。产业间在投入产出联系的基础上，相互促进和服务。

（3）旅游产业发展与社会、环境相协调。旅游产业区域影响力调适的最终目的是追求效益最大化的原则，但这种最大化必须考虑永续发展问题。要抑制或消除区域消极影响力的发展，促进积极因子发展。因此，积极发展生态与旅游相结合的旅游行业就成为一个优质选择。表 6-2 中的全国工农业旅游示范点吉林示范点，代表了这一发展目标的方向。

表 6-2　全国工农业旅游示范点吉林示范点

名称	区位	类型	特色
长春第一汽车集团	长春	汽车工业	汽车生产
吉林丰满发电厂	吉林	水电工业	发电、观光
吉林化纤集团	吉林	化工工业	花园式工厂
通化钢铁集团	通化	钢铁工业	炼钢工艺
通化东宝实业集团	通化	医药工业	花园式工厂
通化振国药业	通化	医药工业	花园式工厂
通化葡萄酒有限公司	通化	葡萄酒业	酿造工艺
靖宇矿泉城	靖宇	矿泉水业	生产工艺
吉林左家特产观光农业生态园	吉林	特产研究	农业观光
公主岭市国家农业科技园区	公主岭	农业研究	农业观光
安图国营福满林场	安图	生态农业	生态观光

第二节　吉林省旅游产业结构优化的系统措施

优化吉林省旅游产业结构的基本方面，一是旅游产业内部结构优化，即对吉林省旅游经济部门、行业、企业、产品、服务等经济架构基本要素之间关系的调整完善；二是旅游产业空间结构的优化，即对吉林省各个旅游区之间的地理-经济布局与整合进行调整完善。这两个方面的区分仅仅是相对的，因为任何一个旅游行业和旅游企业都存在于一定的地理区位，而任何一个地理区位的旅游经济域都是由一定的旅游行业和旅游企业所构成的。因此，在研究过程中，二者之间虽有侧重，但总是相交叉的一般关系。

一、产业内部结构优化的措施

从目前的实际情况来看，解决好资源产权、定价模式、产业规模、产品结构、人才质量和品牌特色六大问题，对于吉林省旅游产业内部结构优化具有特别重要的意义。

（一）旅游资源产权明晰化，培育大型旅游集团

从原有的计划经济向市场经济过渡，产权问题构成了我国经济体制改革中的一个关键点。与其他部门一样，长期以来我国旅游资源的产权归属问题是模糊不清的。“名不正则言不顺”，产权不清导致了旅游资源开发不合理、环境恶化等一系列问题。

产权结构是由一个国家的基本经济制度所规定的，产权规定合理与否直接决定着经济效率的高低。只有明确旅游资源的产权归属问题，才能明确界定旅游产业各个参与者的权益、职责，才能制定较为完善的市场监管措施，促进旅游产业内部各要素之间协调发展。在知识经济时代，知识产权问题又凸显出来。在整个历史上，在发明和创新的个人收益和社会收益之间，几乎始终存在着巨

大的差距。问题是，如何规定对思想的产权和在经济活动中应用这种产权。因此，如新时期的创意旅游产品的产权归属，更加成为旅游经济发展中的一个重要课题。

为防止旅游资源产权模糊矛盾进一步恶化，吉林省政府在旅游资源开发时应该首先明晰旅游资源的产权关系。第一，从宪法的层面来看，旅游资源的产权主体为全体公民，目前全民所有制采取国家所有的形式，因此旅游资源特别是土地的最终所有权归国家所有。第二，政府作为旅游资源产权的一级代理人，应该在旅游资源的开发建设和管理中起引导、规范和宏观调控的作用。第三，由以上所有权、管理使用权的分离，就产生了委托、代理问题。代理人的忠诚不能靠信赖，而只能靠独立监督来保障。因此，相关的旅游资源管理部门则应该对旅游资源与环境进行监管协调和指导，但这就涉及到了地方政府的内部分权问题。可以说，这里已经触及到了中国政治体制改革的关键环节。第四，旅游企业是旅游资源的终端使用者，政府应该出台相关的规范旅游企业的政策措施，使其在旅游资源开发建设过程中，兼顾环境资源的保护。在产权清晰化的基础上，吉林省旅游经济也应采取抓大放小的战略，特别是积极培育大的旅游集团。现代经济竞争往往是规模经济的竞争。重点培育好市场主体，成立省级旅游产业发展投融资平台，积极培育龙头企业和上市公司，打造吉林省旅游产业集群。由于产权结构问题和企业规模问题是现代经济效率提高的关键，上述措施是优化吉林省旅游产业结构对策中最基本的方面。

（二）旅游产业差别化定价，加大导向性投入

价格机制是市场经济的基本机制之一，资源配置、资本流动、需求取向、消费动力等都依据价格机制而展开。在旅游产业发展中，相对于其他购买决策来说，由于旅游产品的特定属性，旅游购买决策包含了更大的风险以及对更广泛的信息搜寻的需要，所以旅游地选择意向的产生往往有一个复杂的机制。在旅游产品的品质在旅游购买之前处于未知状态的情况下，旅游产业的定价策略就格外重要。实现旅游产业的差别化定价，是优化旅游产业结构的一个重要对策。吉林省的旅

游景区大多是自然资源型景区，由于其资源的垄断性，其最优价格是由自身提供的环境决定的，而不受其他景区的影响。这就是消费者一般不会因为价格期望未得到满足，而退出旅游的原因。提高价格合理有效的方向在于进行产品深度开发、提高景区的环境和服务质量来延长游客停留的时间和提高其满意度。具体来说，吉林省旅游产业价格差别化策略可以分为基础性定价策略、旅游生命周期定价策略和游客偏好定价策略三种类型。

第一，基础性定价策略。门票定价策略是旅游产品定价的核心。从经济学原理来看，所有价格策略都有一个共同目标——剥夺消费者剩余为生产者所有。基于这种博弈分析，在景区丰富的旅游区域内，适宜采用价格歧视定价策略。首先是两步收费制，即俗称的“大门票”与“小门票”。例如，在冰雪旅游区，旅游者低价购票进入景区正门以后，若要参加景区内各项滑雪、空中缆车、雪地高尔夫、雪地冰壶等体验性活动项目则需要额外缴费。由此就实现了部分游客偏好价格低、部分游客偏好参加运动多的两种期望，而景区前后合起来的旅游收入依然可观。其次是二级价格歧视，即以物美价廉激发潜在旅游者，使旅游业既有稳步增长的旅游人数，又有经济利润可得。最后是三级价格歧视，即针对不同景区景点旅游者的需求价格弹性不同，实行三级价格歧视。对于需求价格弹性大的景区、景点定低价，以吸引更多旅游者。例如，净月潭的滑雪旅游产品，松原查干湖、向海湿地区域景区，建议采用低价策略。长白山、吉林雾凇的需求价格弹性较小，可采用高价策略。

第二，旅游生命周期定价策略，即根据旅游地旅游发展阶段定价的策略，代表性的有吉林省的冰雪旅游。例如，净月潭、莲花山、吉林市的冰雪旅游，在开发建设阶段和起步增长阶段，为提高市场占有率，可以采取渗透价格策略和满意价格策略。在快速增长阶段，当吉林冰雪旅游产品在市场上已经占有一定地位之后，对冰雪旅游市场价格进行政府宏观调控，对冰雪旅游产品的价格进行适当降低，对价格敏感的潜在老年旅游者和低收入旅游者采取渗透价格策略进行吸引等。在次快速增长阶段，产品逐渐进入成熟期，将达到最大市场需求量，同时市场上提供相似旅游产品的竞争者数量也将达到最大。在缓慢增长甚至倒退阶段，应当运用各种折扣定价策略，维持现有市场。

第三，游客偏好定价策略。旅游产品定价是与游客经济状况和消费偏好紧密相连的。在吉林省旅游产品定价的结构比例中，宗教景点门票多在 3～10 元，风景名胜区的票价集中在 50～100 元。有研究者根据调查结果，得出游客对景区、景点门票价位的选择倾向。

（三）旅游产业规模化，旅游经济区域一体化

规模经济是现代经济学中的基本术语之一，意指在产业和企业达到一定大的规模之后，就能够有效节约成本，提高效益，获得规模经济利润。吉林省旅游产业的规模化是大势所趋。首先，城镇化规律使得旅游产业的供给与需求都呈规模化扩张趋势。城镇化是一个世界性特点，是城镇数量不断增多、城镇地域范围扩大、人口由农村向城镇集中的过程。其次，我国国民经济产业结构也决定了旅游产业的规模化趋势。美国经济学家萨缪尔森指出："过去多年曾出现许多关于国际贸易在经济生活中的作用等问题的激烈舌战。一些人认为美国制造业就业率的下降原因在于工作机会都被出口到了印度和中国。"而旅游业正是劳动密集型产业。

旅游产业规模化要求旅游经济区域一体化，特别是在地理区位上邻近、交通便利的旅游目的地之间。面对日益激烈的国际国内市场竞争，面对不断出现的"企业航母"，单一的旅游项目或旅游目的地寡不敌众，很难在竞争中占据优势地位。所以，积极开展区域合作，实施联合促销，共同拓展旅游市场，是诸多旅游地在实践过程中总结出来的普遍性经验。区域旅游合作是一个复杂的机制，图 6-1 为其模型图。

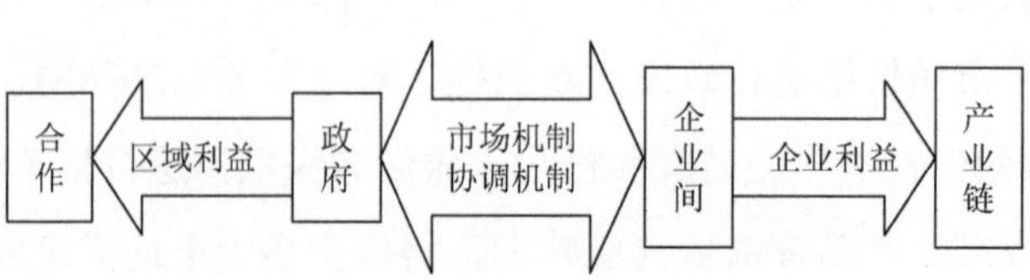

图 6-1　区域旅游合作机制模型图

扩大吉林省旅游产业规模，首先应大力加强旅游设施服务体系建设。实施公路旅游标识标牌专项工程，建设形式多样、配套设施完备的自驾游宿营地。其次应改善交通条件。把长春、延吉建设成国际航空港，建设通化、白城、松原机场。长春—吉林的旅游经济发展一体化问题是一个焦点。在吉林省旅游产业规模化发展、旅游经济区域一体化发展过程中，长春与吉林的一体化发展既是重中之重，又是一个具体范型意义的实践先导。长春作为吉林省省会，客源接近全省客源总数的三分之一，有明显优势；吉林是第二大城市，其客源市场加上长春，占全省总客源的二分之一以上。长吉两地“经济一体化”是一种两地密切关系共生发展的模式，必将带动区域内的旅游市场规模不断扩大。长春—吉林旅游经济一体化的思路应该包括以下诸方面：一是政府推动，企业积极参与。政府行为的合作是一种指导性行为，主要是从政策研究、平台搭建、舆论导向、宣传促销等方面着手。与此同时，旅游企业要积极参与决策咨询和研讨。二是整合旅游资源优势，形成两地产品体系。长春已形成“忆伪满、品电影、赏一汽、醉净月”四大品牌，而“雾凇、滑雪、湖光、满族”形成了吉林市旅游产业的核心品牌。在近年来两地动车组建设的基础上，两地交通有了飞跃性进步（长春—龙嘉—吉林动车运行时间为40分钟，相当于长春市内交通由长春站至高速客运站的时间），因此非常适合将两市打造成一个旅游线路。三是联合营销，共同开拓客源市场。将现有的“中国·国际雾凇冰雪节”“长白山金秋枫叶旅游节”“松花湖之夏旅游节”“长春冰雪旅游节”熔铸为品牌整体。加强吉林大学、东北师范大学、北华大学等两地著名高校在旅游经济一体化中的文化枢纽作用。四是一体规划，协调两地异同。长吉两地要有所为有所不为，避免重复建设，防止恶性竞争。例如，吉林不应再发展类似于长春车展、农博会、民博会式的展会。五是大区域联合，打造大型旅游格局。在省内范围，长吉地区与省内其他旅游区域联合，形成区域性特色旅游线路，实现资源互补。

（四）旅游产品结构体系化，整体包装联合促销

品牌成系列，是现代营销中的基本理念和成功经验。无论是服装、丛书、小吃街、足疗店、理发店等日常商品服务的营销，还是旅游景区、工业园区、农业

园区、商务区等大型经济单元的建设宣传，都以产品结构体系化为基本原则。这是建立在消费心理学基础上的经济规律。旅游经济缺乏体系是一个全国性问题。全国旅交会或“大篷车”宣传活动都是政府用行政手段下派任务，各种旅游交易会上企业各自为政，不少企业根本不去参加，尤其是景区、酒店及规模较小的旅游企业。许多旅游目的地产品都是以零散的形式，由相互独立的旅游供给者在市场上营销和销售的。在吉林省旅游产业结构的优化调整过程中，尤其应加强旅游产品结构体系化，整体包装和联合促销旅游产品。推进产业转型升级，走内涵式发展道路，拓展休闲度假开发理念，实现由观光向休闲度假转变，注重打造运动型、娱乐型度假产品，把自然山水的开发和国际化的休闲服务建设结合起来，促进产品结构升级换代。

在工作重点方面，第一是要整体包装和联合促销旅游产品。加快度假旅游产品和具有创意的专项旅游产品开发，打造具有国内与国际竞争力的旅游目的地体系。特色观光旅游产品可以归结为第一产品系列，包括都市、山地、河川、森林、草原、湿地、奇观、史迹、民族、民俗、边境、跨境观光；特色度假旅游产品可以归结为第二产品系列，包括城市—环城游憩带，山地度假产品、温泉度假基地、野生食品度假基地；特色专项旅游产品可以归结为第三产品系列，包括冰雪、红色旅游、会展、节庆、科教、探险、体验旅游等。吉林省旅游产品应根据其自身的特点和成熟度，系统地整合全省的优势资源，各地区应充分发掘潜在资源整合入既有资源的宝库。例如，吉林市区至松花湖的沿岸，风景异常秀丽。同时，还应打破地市区域概念，继续以“多彩吉林”宣传促销活动为主题，以东北亚博览会、EATOF及各类旅游博览会、交易会为载体，构建适合现代化促销的信息服务网络体系，进一步提高全省旅游产品的影响力，塑造吉林省旅游新形象。第二是要引入卫星账户信息系统的开放思维，完善吉林省旅游产品结构。《2008 年国际旅游统计建议》所设立的旅游需求 = 供给统计模型，突出强调了新生旅游项目的增长极价值。第三是要加大旅游商品开发，完善旅游商品服务。《吉林省旅游产业壮大计划》指出，着力打造“吉林元素”旅游商品品牌，推进旅游商品的产业化、规模化、系列化和品牌化建设。重点扶持建设集研发、生产、销售、展示、名品集中的旅游商品文化产业园。

（五）完善薄弱环节，加强人才队伍建设

旅游业是典型的人才密集型产业，又是人才流动最快、与市场接轨最早的产业类型。人才队伍建设滞后，人才素质不高，一直是吉林省旅游诸要素的一个薄弱环节。英国著名社会学家英格尔斯认为，现代化的核心是人的现代化。所谓十年树木，百年树人，这不仅仅是一个狭义的教育学规律，而且是实实在在的人才建设规律。所以，培育和吸引各个方面的旅游人才，是吉林省旅游面临的一个重要任务。综合型、专业型、开发型、服务型、经营型和管理型人才，是旅游产业人才队伍的基本类型。虽然经过30多年的发展，吉林省旅游从业人员的素质有了大幅度提高，人才集聚程度较高，但与国外旅游发达城市相比，在员工职业技能、个性化与标准化服务质量、职业道德建设、企业家队伍的建设方面，还有很大的差距。仅仅由外在的投资、硬件建设而缺乏相应的人才队伍作为支持，旅游产业大厦的根基是不牢固的。

为此，一是要大力加强旅游人力资源系统开发的力度。围绕吉林省旅游业发展总体规划，按照旅游人才培养规律，完善就业服务体系。截至2013年，旅游直接服务人数达到7万人左右，省、市、县政府专职旅游管理人员保持在0.3万人左右；旅行社经理及部门经理50%获得国家旅游局（现文化和旅游部）或吉林省旅游局（现吉林省旅游和文化厅）颁发的外语等级证书。

二是要多种渠道培养。吉林省开设旅游系和旅游专业的院校有14所；中等旅游职业学校有7所。在培养旅游人才方面，建议这些院校有计划、有步骤地培养不同层次的专业人才。尤其要注意培养高素质的外语导游人才，当前外语导游不能适应新时期的要求。应依托有关院校，培养既有旅游理论知识，又精通外语的人才。另外，要利用现代旅游企业培育旅游专业人才。利用现代旅游培养专业人才是缩短人才成长过程、提升人才质量的一条捷径。通过政策和舆论导向，加快人才培养力度和效果，使现代旅游业成为旅游人才培养的“孵化器”。应做好吉林全省旅游人才需求预测，做好多层次人才引进与培训规划。

三是重点加强导游人员的培训。好的导游将成为旅游活动不可替代的环节，

素质低的导游则将使旅游活动的质量大打折扣，甚至打击潜在客源。旅游人才队伍中，要有一批高素质的、掌握科学的旅游管理和系统论知识的专门人才，并委以重任，就旅游服务和景点环境建设而言，应使所有员工能系统得到旅游专业的培训。其中，对导游员的要求尤高，导游要了解游客的心理和兴趣，对不同层次的旅游者进行差异讲解。在提高导游业务素质上，定期举行大型赛事是一个有效方法。在吉林省 2012 年 11 月 27 日导游员大赛总决赛中，采取在吉林电视台进行现场录制的形式，比赛从半决赛中选出的前 10 名选手中评选出一、二、三等奖及金牌导游员。导游不仅是一种谋生职业，更是一种生活态度，导游是旅游活动中的一项重要元素。

四是建立吉林省旅游推广专业机构和团队。这支宣传队的能力素质如何，直接决定着吉林省对旅游市场的开发成效。因此，要从人员选拔、后期保障、奖励机制、人员流动等各个方面予以加强。2011 年吉林省市场促销规模之大、层次之高、手段之新、成效之实是历年之最。这些活动规模大、内容丰富、影响广泛，都取得了非常的效果。同时，在中央电视台、首都机场、深圳机场和携程旅行网等载体上都投放了吉林省的旅游形象和产品广告，效果都很好，得到了社会各界广泛认同和好评。

（六）挖掘特色资源，打造知名品牌

进行旅游产品结构调整的基本依据包括两个方面：一是国际国内旅游需求的发展趋势；二是本地资源的类型及特色。前者相对而言是一个难以施加影响的因素，而后者则依赖于旅游产业部门主观能动性的发挥，而隐性要素和显性要素所包含的要素如图 6-2 所示。吉林省应因地制宜，突出特色，建立名牌战略。有研究认为，任何一个完整的品牌，都必须具备一定的隐性要素和显性要素。

对照这一要素系统，吉林省旅游品牌建设应从隐性和显性两个方面同时完善。其中，显性要素中的品牌名称建设是一种文化旗帜，具有话语权的地位。从目前吉林省旅游产业结构发展来看，红色旅游、冰雪旅游、民俗旅游和展会旅游都具有成为旅游名牌的重大潜质，尤其应加大研究和推进力度。

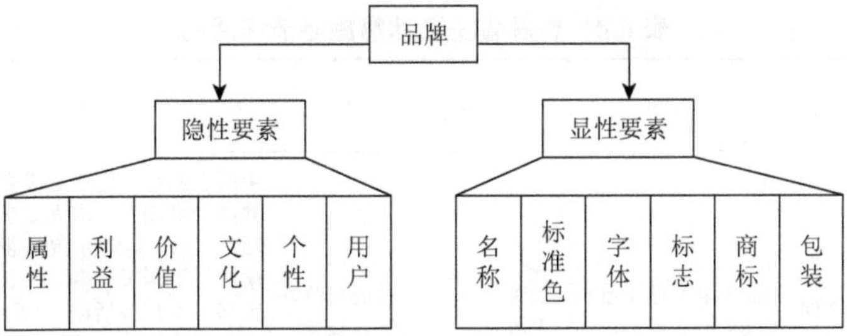

图 6-2　品牌构成要素图

第一，吉林省的红色旅游资源应加强开发。吉林省白山松水间有杨靖宇将军殉国地、四平战役纪念馆等，这些红色旅游资源弥足珍贵。但是，从运行情况看，吉林省的红色旅游仅在萌芽状态中。吉林省要积极发展红色旅游，努力打造吉林省的红色旅游品牌。红色旅游要强化文化内涵，并与周围旅游景点进行衔接。以四平为例，将其现有红色旅游资源与产业资源等进行衔接，是一个有价值的发展战略。

第二，吉林省的冰雪旅游资源应加强开发。冰雪旅游品牌的建立，是吉林省冬季严寒气候的得天独厚条件所决定的。东北地区冬季积雪深，不仅景色壮丽，而且为滑雪、滑冰等活动的开展创立了便利条件。表 6-3 为吉林省各地区最大积雪深度统计，表 6-4 为吉林省主要冰雪旅游节庆活动。

表 6-3　吉林省各地区最大积雪深度表

项目	百城	长春	四平	吉林	通化	延吉
积雪深度/mm	13	22	19	46	39	58
出现时间（日/月/年）	20/12/1979	3/10/1974	26/2/1980	11/11/1968	8/3/1957	10/11/1968
本地区最大积雪深度/mm	24	24	27	54	52	58
出现地点	三岔河	梨树双阳	伊通	桦甸	东岗	延吉
发生时间（日/月/年）	17/3/1979	23/10/1968	23/10/1974	8/3/1957	17/3/1957	10/11/1968

表 6-4　吉林省主要冰雪旅游节庆活动

冰雪旅游节庆名称	已办次数	时间	地点	主题	主要活动
2009 中国长春冰雪旅游节暨净月潭瓦萨国际滑雪节	12 届	2009 年 1 月 3 日～2009 年 2 月 9 日	长春市净月潭滑雪场	激情瓦萨、魅力长春	中国“瓦萨天使”选拔赛、“飘雪的冬季，共同的家园”外国人文艺晚会、媒体体验活动、冰雪运动乐园开园仪式暨第四届大学生越野滑雪比赛、市民瓦萨推广活动、宝马冬季拓展活动、“瓦萨之夜”典礼仪式、家庭趣味滑雪比赛、“激情瓦萨、魅力净月”摄影展、冰雪英雄会、“老外”看长春、长影世纪城“冬季欢乐之旅”、“冰雪皇宫”冬季摄影大赛、瓦萨狂欢等
首届吉林森工冰雪旅游节	1 届	2008 年 1 月 18 日～2008 年 2 月末	露水河国家森林公园		冬季漂流、冰雪垂钓、森林狩猎
2006 中国国际雾凇冰雪节	10 届	2006 年 1 月 8 日～2006 年 2 月 15 日	吉林市各景区、公园	凇情雪韵，快乐吉林	雾凇冰雪节开幕式、滑雪表演、雾凇形象大使评选、雪场一日游、冰雪娱乐活动、群众性冬令营、赏雾凇、观雪雕活动等
2006 年中国长春冰雪旅游节暨净月潭瓦萨国际越野滑雪节	9 届	2006 年 1 月 2 日～2006 年 2 月 12 日	长春市净月潭滑雪场	冰雪旅游——长春与世界的桥梁	净月潭冰雪运动乐园开园、奥索卡冰雪嘉年华、胜利公园冰雪彩灯大世界开园、劳动公园冰雪欢乐园开园、短距离越野滑雪赛等
2006 年中国·吉林长白山冰雪旅游节	1 届	2006 年 1 月 2 日～2006 年 2 月 28 日	白山市	白山风光、关东风情	滑雪、滑冰、雪地摩托、跑马、冰帆、雪地足球
中国吉林查干湖第四届冰雪捕鱼旅游节	4 届	2005 年 12 月 27 日～2006 年 2 月 10 日	查干湖旅游度假区查干湖北岸湖面	创冬捕吉尼斯纪录，让查干湖走向世界	开幕式、祭湖、醒网仪式；进入湖内捕鱼作业点，观赏冬网捕鱼，见证查干湖冬捕申请吉尼斯纪录，欣赏民俗歌舞表演，体验冰上渔家生活；冰上观鱼一日游；“冰雪捕鱼旅游”活动月等

第三，吉林省的民俗旅游资源应加强开发。民俗在全球化条件的同质生存条件下，越发迸发出旅游吸引力。美国文化学家萨义德说，“如果说个体的醒悟和普遍的迷恋首先回应的是东方学的感受力，它们同时还包含其他一些我们更熟悉的思维习惯、情感习惯和感知习惯。”美国文化学家本尼迪克特则指出，“最孤立的细小行为，彼此之间也有某些系统性的联系。”吉林的民俗旅游产品可以推出关东腰鼓、苍龙盘鼓、朝鲜族长鼓、满族八角鼓等，具有关东地域特色、深受群众喜爱的优秀秧歌及舞龙舞狮表演。这些富有民族特色的表演都是吉林冰雪旅游民俗、文化产品的组成部分。

第四，吉林省的展会旅游资源应加强开发。展会在强化宣传、提升吉林旅游形象方面具有不可比拟的优势，应积极组织展会和参加好国内外旅展。尤其是省会长春市的展会经济应进一步做大做强，将长春汽车博览会升级为全国名牌，将长春农业博览会打造成吉林省的文化名片和吉林省农民观光的日常景点，将长春民间艺术博览会打造成刺激小手工艺品大市场，将长春的图书博览会发展成吉林省文化产业与旅游产业合璧的交点等。在挖掘本省特色资源，打造旅游知名品牌的过程中，要创新推广形式。启动长吉一体化智慧旅游系统工程，推进长白山、伪满皇宫博物院、净月潭、北大湖等一批重点景区实现数字化管理，提高吉林省旅游服务的信息化水平。

二、产业空间结构优化的措施

吉林省旅游产业结构优化，主要指产业内部结构优化与产业空间结构两个大方面。两个方面犹如车之两轮，鸟之双翼。但二者又具有各自的独立性，从研究方法上看应作二分。大卫·哈维在《地理学中的解释》中指出，“没有抽象和没有闭合，就不能进行系统分析……因此不是把系统看成现实的事物，而是看成方便的抽象事物，它具有促进某种分析方式的作用，这是可取的”[119]。如果说产业内部结构优化问题更多地建立在经济学分析基础之上，那么空间结构优化问题则更多地建立在地理学分析基础之上。党的十八大报告指出，要优化国土空间开发格局，调整空间结构，构建科学合理的城市化格局、农业发展格局、生态安全格局。吉林省旅游产业在国民经济发展中的作用日益突出，而做好旅游空间结构优化工作，则是保障吉林旅游业实现特色化发展的重要支撑。

（一）立足全省城镇化格局，开发城市旅游

吉林省旅游产业空间结构是建立在整体经济布局的基础之上的，而又对整体经济布局起到能动作用。两者之间的整体-部分辩证关系是立足全省城镇化格局而开发城市旅游的理论出发点。当前，中国和世界各国的城镇化进程都在加速。吉林省的城镇化建设不断推进，城镇体系日益完善。有研究认为，吉林省“一群三

组团”的城市发展格局在逐步加强。一群指中部城市群，以长春与吉林的一体化发展为核心，以南部四平、北部松原、南部梅河口为辅助。第一组城镇组，是以延吉为主体，以珲春为辅助。第二组城镇组，是以通化为主体，以白山为辅助。第三组城镇组，是以白城为中心。

在这一城镇化趋势与格局的基础上，大力开发吉林省的城市旅游资源就成为优化旅游产业空间结构的第一项必然举措。城镇化是现代化的重要组成部分，是一个不可遏制的趋势，因此也是旅游产业发展的前沿地带。Patrick Mullins 在 1991 年提出了“旅游城市化”（tourism urbanization）的重要概念[120]。他认为，现代城市旅游引导着一种新的不同寻常的城市化类型，它是为了消费而建立的，而不像 19 世纪末 20 世纪初的工业城市一样以工业、生产、商业和居住为主要功能。将消费美学与城市建筑景观、人文内涵相结合，将形成一种全新的旅游类型。在我国，计划经济年代并无城市旅游概念，城市旅游是伴随着中国市场经济的进程逐步发展起来的。在开发吉林省城市旅游方面，应主要从以下几个方面着手。

一是在城市建设中越来越多地进行美学规划，建筑朝着艺术化、思想化、特色化的目标建造。在这一方面，吉林省大大落后于发达省市。例如上海、大连的市区，各种令人炫目的现代造型建筑构成了一个宏大的城市景观群，从而具有不可替代的旅游吸引力。而站在长春市电视塔上环顾全城，仿佛置身于转头堆中一样，因为几乎清一色的立方体灰墙楼房，极端缺乏审美价值。

二是各个城市应形成自己的建筑特色，改变千城一面的状况。千城一面是我国城镇化进程中的“通病”，无论走到哪里都一种视觉感受。要改变这种情况，只有通过全省通盘规划，相互协调分工才能够取得进展。例如，长春市作为省会和年轻城市，应不断向建筑新颖化方向发展；吉林市作为沿江城市，应更多地借鉴江南水城在建筑园林设计中的古典手法；延吉作为朝鲜族自治州，应当更多地借鉴哈尔滨作为“东方莫斯科”的风格塑造，在基础设施建设中体现朝鲜民族的艺术风格、审美趣味；等等。

三是要对城市既有的人文景观进行抢救保护。在这一方面，北京已经成为全国的教训，大量老北京四合院的拆迁造成了无法弥补的文物损失。吉林省各个城市的历史人文景观较少，但也正因如此才弥足珍贵，要做好文物保护工作。省会长春市的旅游景观主要分布在长春市区内，伪满皇宫博物院、八大部、文化广场等是人们以往认为的主要人文景观。除此之外，历史街区也是城市历史文化的重要组成部分，对长春市六大历史街区的保护和旅游开发亟待加强。

四是对于已经形成某种文化现象的街区要及时升级为城市旅游资源。随着城市的发展，城市人口的平均活动距离、人口活动的自相关系数都表现为逐渐增大的趋势。在人口活动的过程中，随着时间的推展、习惯的形成，一定城市总会产生密集的商业聚集地。北京前门、上海金融街、南京上海路等都是代表。长春市最典型的就是桂林路商业圈。将这种由市民的集体无意识行动产生的文化积淀景观进一步包装、宣传、升级，就有望形成城市旅游的新增长点。

五是有意识地构建与城市风格迥异而互补的乡村旅游。在城镇化的过程中，农村不可避免地要改变原有的美学面貌，因此在这一过程中适量地、有重点地保留和保护一些特色乡村就成为发展城市旅游的一项补充对策。乡村的特殊风景是旅游者眼中的关键元素：晚霞、野花、鸟类、炊烟、村墙、林荫小道、家畜家禽等。吉林不像江浙等江南省份有诸多的水乡旅游资源，但应保护好能够体现关东特色的老式民居等。

（二）彰显民族聚居地风情，强化区域特色

民族的就是世界的。法国启蒙思想家伏尔泰指出，“对中国的礼仪的极大误会，产生于我们以我们的习俗为标准来评判他们的习俗，我们要把我们偏执的门户之见带到世界各地”[121]。民族文化提供给世界文明以不可替代的文明因素，因此是丰富现代化、全球化的基石。民族地区的旅游产业发展具有非比寻常的价值，已经成为一项研究热点。有学者将民族地区旅游产业发展模式框架分为支持系统、基础层、实体层、目标层，如图 6-3 所示。支持系统即模式运行的主要利益相关者和政策法规执行者；基础层即模式的运行条件；实体层主要包括目标市场定位、营销手段选择、旅游产品开发定位、旅游产业发展模式选择等方面；目标层主要是指构建的西北民族地区旅游产业发展模式实施后所能得到的效益。

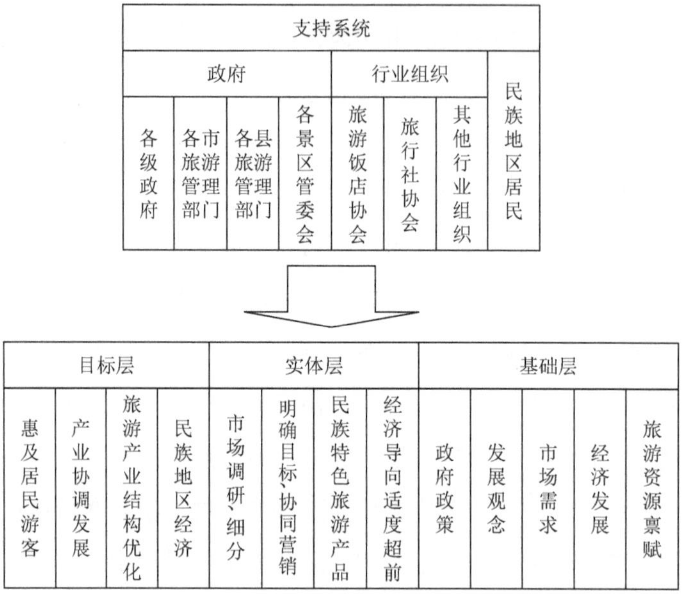

图 6-3　民族地区旅游产业发展模式框架图

民族地区在整体思维模式、生活习惯上都具有异质性。文化学家本尼迪克特指出,“习俗在经验和信仰方面都起着一种主导性作用,并可以显露出如此众多殊异的形态”。大卫·哈维则指出,在表现层次上,空间概念的出现与它在其中发展着的文化结构有着千丝万缕的密切联系。人类学研究指出,从一个社会到另一个社会,空间概念的性质千差万别。这毫不为怪,因为空间的表达包括在物体不存在时召唤它们[122]。这种概念的出现部分由语言所支配,部分由文化所支配。将这些殊异形态提炼转化为旅游资源,是吉林省旅游产业空间结构优化的又一重要对策。吉林省是个多民族的省份,除汉族外,朝鲜族、满族和蒙古族人口众多,民俗旅游资源丰富。

第一是大力开发延边州的民族旅游资源。延边州素以“歌舞之乡”“白衣民族”“足球之乡”著称。在延吉等城市建立典型的朝鲜族生活区,并注重保持朝鲜族的日常生活原样,在展示朝鲜族传统民俗的同时,充分展示中国朝鲜族的日常生活景象。

第二是要大力开发满族民俗旅游资源。吉林省是满族的祖地,长白山被朝鲜族和满族共同奉为圣山，伪满皇宫博物院与沈阳故宫、北京故宫有着历史承接关系。吉林省开发满族民俗旅游已建成乌拉街韩屯满族民俗村，这里存在的萨满教文化现象独特地被保存下来，被人称为萨满教的"活化石"。吉林乌拉街镇和九台莽卡满族乡都被国际上誉为"萨满活化石之乡"。

第三是要大力开发蒙古族民俗旅游资源。吉林省有 1 个蒙古族自治县，即前郭尔罗斯蒙古族自治县，有蒙古、汉、满、锡伯等25个民族。其中，蒙古族人口占 11%。赛马、叼羊、摔跤等民族体育活动，烤全羊、手把肉、草原香酒和马奶茶及奶酪等蒙古族独特的饮食，尤其是蒙古人豪爽的性格都被其他民族的人民所向往。

第四是要大力开发关东民俗文化旅游资源。关东的民俗文化是与当地的朝鲜族、满族、蒙古族等主要民族的文化分不开的。吉林文学散发着关东黑土地的气息，地方剧种吉剧独树一帜，"二人转"深受全国观众的喜爱。吉林省还着力发展了东北的二人转，建立了"刘老根大舞台""和平大戏院"等戏院。2009 年，东丰农民画被列入省级非物质文化遗产名录。2012 年 9 月 8 日，辽源东丰·中国农民画艺术节暨全国农民画展在"中国农民画之乡"东丰县隆重举行。

（三）连接优势自然资源，形成生态体验专线

现代旅游日益向生态化方向发展。从自然景观与人文景观的角度划分，吉林省属于自然旅游资源大省，人文旅游资源小省。因此，将省内既有的自然旅游资源激活，整体包装为生态旅游产品，是吉林省旅游产业空间结构优化的重要工作。综合吉林全省的优势自然资源，应重点开发形成以下一些生态旅游体验专线。

第一，长白山旅游线路。长白山景区可以从各种角度进行整合自然资源景观，而其中最具代表性的景观应构成如下线路：天池—高山花园—暗河—十六峰—大瀑布—温泉区—碧渊潭—小天池—地下森林—大峡谷—长白山博物馆—美人松。

第二，净月潭旅游线路。在 2010 年之后，长春净月潭已经与老虎园、长影世纪城连为一个旅游域，因此线路应当调整为净月广场—大坝—塔楼—月亮湾—鹿

苑—圣诞老人乐园—索道—滑草—森林浴场—沙滩浴场—老虎园—长影世纪城。同时，长春高校的净月新区能否合理开发为新增景点，也值得论证。

第三，松花江旅游线路。吉林市的松花江是得天独厚的旅游优势资源。在松花湖的五虎岛—唐家崴子—卧龙潭—石龙壁—无嘴鹰—牡丹峰—美松崖花岩村—金龟岛的基础上，应当将市区的松花江合理并入旅游线路，同时要积极开发出邻近丰满水库的朱雀山的旅游资源，避免目前两个景点没有衔接所造成的巨大浪费。

第四，吉林市冬季景观线路。这是对线路三的补充。雾凇—北大湖—陨石博物馆—激流勇进—教堂—北山—龙潭山—小白山。

第五，查干湖旅游线路。查干湖作为蒙古族的圣水湖，是全国十大淡水湖之一。随着电视剧《圣水湖畔》的播映，以及冬季捕捞活动的宣传报道，近年来旅游经济发展有所升温。要重点将寺庙—芦苇—湖水—沙滩等景观整合为交通畅通的专线，并且改善从省会长春直达查干湖的交通条件。

第六，向海自然保护区观鸟旅游线路。主要为向海—鹤岛—湖心岛—芦苇荡—沙地黄榆林—泥林—草原—自然博物馆。向海在吉林省的旅游地图中处于冷门，需要加强宣传开发和交通改善。

第七，五女峰国家级森林公园线路。老虎岩—幽谷银瀑—园址—观峰台—五女峰—洞天皓月—仙人台—美容泉。

第八，四平旅游线路。南湖—四平战役纪念馆—天桥—步行街—山门（二郎山庄、杏花山）—叶赫满族民俗旅游区（古城遗址、影视城、转山湖游乐园）—二龙湖风景区（赫尔苏古城、燕国古城遗址、湖心岛、万宝山）。

第九，温泉生态体验线路。从地理分布看，长春、吉林和长白山是集中地，因此应重点开发长春雁鸣湖温泉—吉林温泉—长白山温泉等优势资源线路。温泉旅游近年来呈现出上升趋势，人们对温泉旅游的研究也在不断升温。

（四）完善点轴圈——双三角的空间布局

在旅游经济发展的空间布局上，吉林省旅游产业空间应有明确的规划。结合地理学一般原理和吉林省的具体地理特点，构建起点轴圈成系列的旅游经济体系，并形成内三角一外三角的旅游空间格局，这是吉林省旅游发展的一个合理思路。

“点-轴系统”理论建立在中心地理论、增长极理论等基础之上，是我国著名经济地理学家陆大道先生于 1984 年提出，并逐步完善的。“点”对应克里斯塔勒所说到中心地或佩鲁所说的增长极，即各级中心城镇。它既是各级区域的集聚点，也是带动各级区域发展的核心。“轴”是陆大道的重要理论创建，它指由交通干线、通信干线、能源输送线和水源干线连接起来的“基础设施束”。几乎大部分社会经济要素都集中在“点”上，这是一种普遍性的聚集效应；而“轴”对附近区域有很强的经济吸引力和凝聚力，是“点”向外扩散的路径。总之，社会经济客体在空间中以“点-轴”形式进行渐进式扩散。以这一理论为参照，吉林省在旅游产业空间布局的点、轴以及二者所辐射而成的旅游经济圈方面，都应当有科学合理的规划。

第一，是旅游产业“点”的确定，即旅游经济增长极的确立。作为旅游经济增长极的地区，其经济发展是多因素作用的结果，还应该结合各地区的发展实际来加以补充分析。落实到吉林省旅游空间规划中，不仅要选择经济发展水平较高、发展潜力较大的区域为增长极，还应进一步区分各增长极的主要职能和作用。省会长春、次级城市吉林与少数民族聚居地延吉的职能和作用是不同的。

总体来看，吉林省旅游资源丰富，但市场较为松散。另外，吉林省的资金短缺是一个基本省情，因此还不能采取全面开发、齐头并进的方式，而只能立足现有，循序渐进。应采取旅游产业倾向和区域倾向相结合的不平衡—平衡—不平衡发展模式（表 6-5），将吉林省旅游经济一级增长极确定为长春、吉林、延吉，二级为通化、白山、松原、白城、四平、辽源，三级为集安、珲春。

表 6-5 吉林省旅游资源点整合模式

要素	层次	地域名称或范围
点	一级旅游中心	长春、吉林、延吉
	二级旅游中心	通化、白山、松原、白城、四平、辽源
	三级旅游中心	集安、珲春

第二，是旅游产业“轴”的确定，即旅游经济发展束的确立。从经济发展规律来看，旅游经济增长极发展到一定规模后，通过扩散效应影响和带动其他旅游区发展。上述吉林省的三个增长极（长春、吉林、延吉）与哈大、长白—长图、东边道等交通干线以及松花江、鸭绿江等河流，是构建旅游经济圈的重要点轴系统，形成如表 6-6 所示的吉林省旅游资源轴整合模式。

表 6-6 吉林省旅游资源轴整合模式

要素	层次	地域名称或范围
轴	一级旅游轴线	哈大：哈尔滨—长春—沈阳—大连 长白—长图：内蒙古—白城—长春—珲春—朝鲜、俄罗斯 东边道：三江平原—长白山区—辽东半岛 松花江旅游带 鸭绿江旅游带
	二级旅游轴线	长春—通化 长春—松江河 四平—集安 吉林—梅河口

第三，是旅游产业经济圈的确定。基于吉林省的地形地貌特征，首先将其划分成东部森林生态与民俗文化、边境旅游区，中部城市生态与冰雪旅游区，西部草原湿地生态旅游区，其次在各个旅游区中依据旅游特色，进一步划分成七大旅游地系统，具体参见表 6-7。

表 6-7 吉林省旅游资源圈整合模式

要素	层次	地域名称或范围
圈	东部森林生态与民俗文化、边境旅游区	图们江金三角旅游地系统 长白山旅游地系统、 通集白人文与森林生态旅游地系统
	中部城市生态与冰雪旅游区	长春城市生态与冰雪旅游地系统 吉林城市生态与冰雪旅游地系统
	西部草原湿地生态旅游区	向海自然旅游地系统 莫莫格自然旅游地系统

吉林省旅游空间的点、轴、圈应是一个有机发展的整体，需要进行合理的整合。其整合模式如图 6-4 所示。

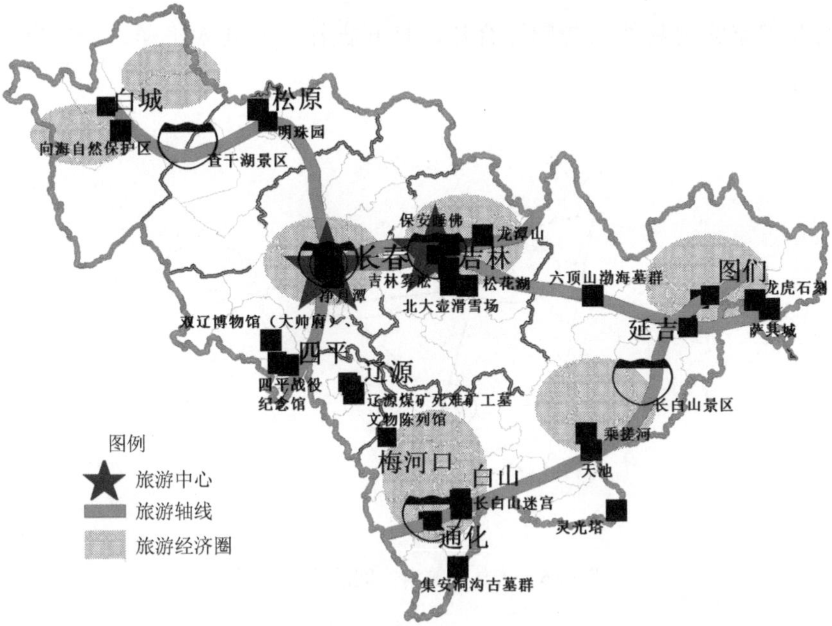

图 6-4 吉林省“点-轴-圈”整合模式图

目前学界对吉林省旅游产业空间布局的研究中，内三角、外三角的同心双三角模型是一个被普遍接受的模型（图 6-5）。笔者认为，点轴圈模型与双三角模型各自从一定的角度来分析和谋划吉林省旅游产业结构的空间布局，具有相互补充的关系。点轴圈模型重在对增长极的开发和旅游轴线中介功能的发挥，而双三角模型重在建立一个内外层空间布局结构，实质上也是一种中心-边缘的科学规划，因为它以内三角为更大规模的旅游中心地来进行运算。所以综合二者，认为吉林省旅游产业空间结构应采取点轴圈-双三角的联合模型来进行参考规划。

需要补充的一点是，吉林省基本上属于内陆省，离海洋较远，仅有东南部与海洋较近。然而，21 世纪是海洋的世纪，从政治和社会的观点来看，海洋使其本身成为最重要和最引人注目的是其可以充分利用的海上航线，或者更确切些说，海洋是人们借以通向四面八方的广阔的公有地。吉林省国民经济的发展离不开海洋开发，吉林省旅游产业结构的调整优化也离不开海洋战略。在这一方面，吉林省需要采取更加宽广的思维，利用与俄罗斯、日本、朝鲜、韩国这些东北亚国家的贸易往来与国际合作，打开吉林省面向太平洋、面向世界的旅游大市场。

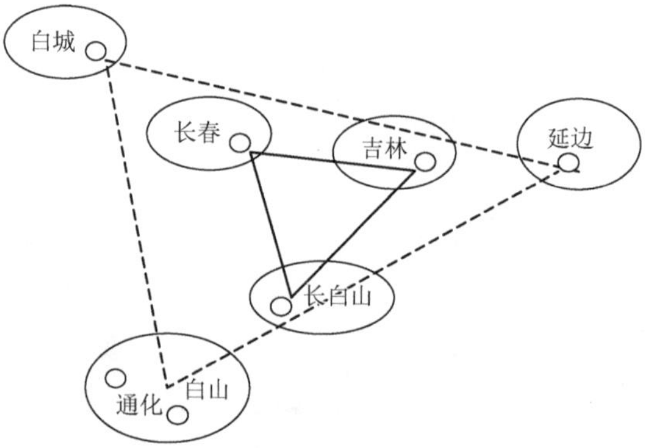

图 6-5 吉林省旅游空间总体布局图

第三节 吉林省旅游产业结构优化的保障体系

一套完整的旅游产业结构优化保障体系，是实施上述各项对策的基础。组织保障、资金保障和人才保障，构成了三个最主要的领域。吉林省旅游产业结构优化对策要想获得实效，就必须大力发挥政府主导作用（政治保障），进一步完善投融资体制（资金保障），优化旅游人才供给结构（人才保障）。

一、政治保障——充分发挥政府主导作用

政府部门在旅游产业发展的过程中，一直起的是导航作用、定位作用，这种情况在我国尤其明显。由于土地的国有制，旅游资源的所有权与初级使用权都归政府所有，政府对旅游产业结构调整负有巨大的责任。萨缪尔森总结了政府在经济方面的四个主要职能：①提高经济效益；②减少经济不公平；③通过宏观经济政策稳定经济；④执行国际经济政策。这种经济学的一般原理，对我国政府提出了改善履职能力的更高要求。充分发挥吉林省各级政府对旅游产业结构优化工作

的组织保障作用，应重点从以下几个方面着手：一是健全对旅游产业的领导组织结构。吉林省成立了旅游产业发展指导委员会，省长任委员会主任，主管副省长任副主任，协调解决旅游产业发展重大问题。二是制定和实施更加优惠的税费政策。鼓励政府机关、企事业单位、社会团体的公务活动采取招标采购方式，委托旅行社安排，其合法票据可作为报销凭证。三是加大财政支持力度。根据财力情况，逐步增加省级旅游发展专项资金投入。各市（州）、县（市）应根据旅游产业发展需要，加大政府导向性投入。四是理顺体制，加大资源整合力度。积极探索旅游资源一体化管理方式。针对部分景区旅游资源的多头管理问题，加快推进旅游资源管理创新。

二、资金保障——进一步完善投融资体制

资金是吉林省旅游产业结构优化的一个重要保障。中国融资制度，是由银行信贷为主到资本市场逐步发展起来的。融资主体由国有、集体企业扩大到民营和外资企业。十八大报告指出，“健全现代市场体系”“加快改革财税体制”“深化金融体制改革”。

目前，吉林省众多旅游景区都存在资金不足的通病。旅游服务接待基础设施陈旧落后，接待能力不足，服务功能单一，严重影响和制约了旅游经济效益及发展后劲，远远跟不上旅游业快速发展形势的需要。吉林省在传统上是一个财政补贴省，国家更多支持发展基础设施建设。同时，在资金的筹集上应采用多元化对策，要发挥地方与民间的积极性，拓宽融资渠道，特别是创造条件吸引外资，寻求有经济实力的旅游开发合作伙伴，有条件的地方还可以通过股票上市募集资金，鼓励社会各界投资发展旅游产业。所以，吉林省在完善旅游业投融资体制过程中必须采取综合措施。

一是加强金融扶持。以贯彻《关于金融支持旅游业加快发展的若干意见》（银发〔2012〕32 号）为契机，拓宽旅游企业的融资渠道，增加旅游上市公司主体，支持发展旅游消费信贷，加强和改进对旅游业的信贷管理和服务，加大对小型微型旅游企业和乡村旅游的信贷支持。支持符合条件的旅游服务企业依法发行企业

债券、短期融资券、中期票据。加强旅游景区金融基础设施建设，提高旅游行业和旅游景点金融服务的便利性。

二是引导投融资的作用方向，加强基础设施建设和旅游功能完善。吉林省除少数重大项目之外，以自然旅游景区为主的绝大多数旅游景区都处于起步阶段，缺少资金支持和开发经验。多数景区经过简单包装，相关服务产业还未健全，影响了吉林省旅游行业的品牌形象。所以，加强基础设施建设是目前吉林省改善投资环境的一个工作重点和方向。

三是以旅游收入模式的变革来吸引投资者兴趣。旅游投资者的动机是利益最大化，因此，最关心的是：把握一个机会需要投入多少资金，又将会产生多少收益？通过对旅游收入模式变革的分析，能够以新的收益来吸引投资者的兴趣。传统观光的收入模式结构为“四入”的初级发展模式，即一票（门票）、二道（索道）、三餐（内部餐饮）、四购（购物亭）的模式。随着旅游日新月异的发展和人们对旅游经济理解的不断深化，度假旅游的收入模式、体验式的收入模式、区域开发的收入模式乃至旅游地产的收入模式越来越多。将这些收入模式及时转化为投资者的收益，将起到极大的利益刺激作用，从而改善吉林省旅游产业的投资环境。

四是系统优化旅游产业投资环境的评价指标，做到出组合拳，打系统牌。首先，政府行政因素及管理水平指标需要进行优化。受计划经济惯性影响，加之制度不健全导致的权力寻租等行为，行政因素和管理水平成为改善投资环境的关键性指标。其次，要改善经济因素以优化投资环境。东三省近年来的经济增长乏力已经引起中央重视，吉林省要抓住 2015 年哈长城市群建设的历史契机，大力提高经济活力，提升经济水平，改善经济条件。最后，基础设施、第三产业与旅游效益、区位因素的指标改善要协调推进，形成吉林省旅游产业投资环境改善的合力。

五是做好旅游项目投资的成本收益分析论证。从市场层面看，只有保障较大的投资回报空间，才能吸引社会资本流入这些景区投资；当利润空间并不足以保障投资吸引力时，就需要政府采用补贴的方式进行平衡，做好调节。投资资本从短期利益出发确立投资方向，而政府则必须立足长远，乃至从经济效益与社会效益、生态效益的综合角度来运用宏观调控。

三、人才保障——优化旅游人才供给结构

旅游业是人才密集型产业，又是人才流动快的产业。当前的旅游产业一般不需要高新技术技能的职业类型，却需要有专业知识、技能、公关和管理等综合能力。为此，吉林省必须加大人才保障力度，优化旅游人才供给结构。首先，要实施系统化的人才支持政策。强化“人才强旅”战略，按照专业化、市场化、国际化的要求，引进高端旅游人才。设立旅游业人才特别贡献奖，对促进旅游业发展做出突出贡献的单位和个人定期评比，并给予奖励。人力资源引进政策。人员流动频繁是旅游产业的一大特点。旅游产业的发展应该在政府部门的主导下加大旅游专门人才的引进力度。其次，建立旅游人才培养体系。借助旅游教育与研究资源提升和完善国家东北旅游教育培训基地建设，支持企业与高校联合办学。总结和分析全省旅游人才资源开发的特点及规律，制定全省旅游人才规划，加快实施科教兴旅、人才强旅战略，形成按照市场需要提供初、中、高三个等级导游员的服务体系。

第七章 结论与创新

一、研究结论

发展社会主义市场经济，应优化产业结构。吉林省旅游业经过 40 多年的发展，产业规模不断扩大，支柱产业地位和作用日益显现，但产业结构亟待完善。本书在国内外有关旅游产业结构理论梳理和实证分析的基础上，以产业结构优化理论为指导，以促进吉林省旅游产业结构调整优化和加速吉林省旅游产业结构全面升级为目标，对吉林省旅游产业内部结构现状、空间结构现状、旅游产业结构优化的制约因素进行了系统分析，从吉林省旅游产业结构优化的路径研究方面，对吉林省旅游产业结构优化提出了对策建议。主要结论如下。

（1）吉林省旅游产业结构逐渐优化，初步形成了体系化的旅游产业内部结构，景区业、旅行社业、饭店业和旅游商品业之间的有机联系不断加强，对经济发展的贡献呈现上升的态势。考察期内，吉林省旅游业发展水平的区域绝对差异持续扩大，旅游业发展水平的区域相对差异有逐步收敛的趋势。从地区角度看，吉林省各地区旅游业发展空间差距较大，由集聚向分散方向发展。2002 年，长春和吉林两地的旅游业收入之和约占全省旅游收入的 80%。近年来由于各市州旅游业的快速发展，旅游业的繁荣区范围逐渐扩大，尤其是延边和通化等地旅游业异军突起，逐渐打破了由长吉两地垄断的局面。旅游业空间格局正经历着由集聚到分散的演进过程。

（2）结合吉林省旅游业空间结构现状，本书提出来构建“双核、一群、四组”的吉林省旅游空间结构。由吉林省旅游业发展水平的全局和局部分析可知，吉林省旅游业的空间不均衡问题较为突出，各市州旅游业发展差距较大。实现吉林省旅游业空间结构优化及协调发展，需要各市州地因地制宜，在整个旅游空间布局中讲分工、讲特色、讲优势，讲比较效益。据此，结合计量分析结果，本书提出“双核、一群、四组”的空间结构图。双核是指以“长春和吉林”为核心，形成吉林省旅游业空间布局核心区，一群是指中部工业旅游群，由长春、吉林、四平、松原和梅河口组成，四组是指外围四大旅游组，第一组是白城—松原西部旅游组，第二组是四平—辽源西南部旅游组，第三组是通化—白山—长白山中南部旅游组，第四组是延吉—珲春—图们江中下游旅游组。

（3）理论与实证分析表明，资源赋存、旅游人力资源、旅游资本供给、旅游科技水平和旅游投资结构是制约吉林省旅游产业结构的主要因素。一个地区的产业结构状况是由先天资源赋存、人力资源、资本供给水平、科技水平及投资结构等综合因素决定的，结构优化的制约因素也因此而产生。书中运用洛伦茨曲线分析了吉林省旅游资源赋存情况，发现从区域角度看吉林省各个市州之间整体分布呈现出非常不均衡的状态，从全国角度看，吉林省的高品质旅游景区数量落后，而低品质景区数量较多，这是吉林省旅游资源禀赋的突出特点。旅游资源决定着一定旅游区的形成和类型，而且对旅游生产力的空间配置和规模产生重要影响。制约吉林省旅游产业结构优化的另一个人力资源问题，从业人员素质不高。受长期以来的计划经济体制惯性影响，目前吉林省旅游产业资本供给的来源单一，动力缺乏，旅游资本供给与需求的平衡问题也较为突出。在信息化时代，科技水平越来越成为各个产业结构优化升级的动力。当前吉林省旅游产业对信息化技术的应用尚处于初级阶段，还不能完全满足日益增长的市场需要。旅游产业也是资金密集型产业，旅游投资结构在很大程度上影响着旅游产业结构，吉林省旅游产业存在的一系列问题都与投资结构有着种种关联。

（4）旅游产业结构优化是一个系统工程，本书从优化动力、优化内容和优化方式三个基本路径对吉林省产业结构优化展开探究。优化动力是由政府驱动、市场驱动和企业驱动所组成的动力群。在吉林省旅游业发展的现阶段，政府主导作用是培育发展旅游业的重要保障，市场是当今和未来旅游产业结构优化的长远动力，旅游部门的相关企业依照价值规律的作用升级自身经营模式是微观基础。在关于市场驱动的研究中，运用灰色关联度分析方法，对吉林旅游产业系统的各部门因素进行分析，得出了吉林省的整体入境旅游吸引力不及辽宁、黑龙江两省的结论。而东三省在全国的旅游目的地吸引力方面又靠后，由此可见吉林省的旅游资源客源数量较为落后，需要做出巨大的努力来提升。企业为利润最大化而展开的竞争与合作，是促进吉林省旅游产业结构不断优化的重要因素。另两个路径的研究为优化内容和优化方式，优化内容主要包括产品优化、产业优化和空间优化，优化方式主要包括目标优化和过程优化两项内容。

（5）对如何进行吉林省产业结构优化，提出了应从内部结构优化和内部结构优化与空间结构优化相结合方面展开。

首先，立足地域特色，推进吉林省旅游产业空间结构优化。人文地理特征是发展区域旅游经济的客观基础。吉林省旅游产业空间结构优化，应立足全省城镇化格局，开发城市旅游；彰显民族聚居地风情，强化区域特色；连接优势自然资源，形成生态体验专线；完善点轴圈-双三角的空间布局。重点规划东部森林生态与民俗文化、边境旅游区，中部城市生态与冰雪旅游区，西部草原湿地生态旅游区构成的区域系统。

其次，立足制度创新，推进吉林省旅游产业内部结构优化。吉林省旅游产业内部结构优化，应着重从产权明晰化、企业大型化、定价差别化、区域一体化、产品体系化、人才专业化和品牌特色化等方面着手，而贯穿这一系列对策的核心就是制度创新。产品的创新、升级换代是产业结构优化升级的核心。因此，要按照十八大的要求，实施创新驱动发展战略，积极推进吉林省旅游企业的产权创新，采取合理的产业组织政策，完善相关法律制度，健全市场体系，增加人力资本投资，使政府与媒体、旅行社、景区四者之间形成立体配置组合等。

最后，将吉林省旅游产业内部结构优化与空间结构优化的对策有机整合，全面推进旅游产业结构升级。产业内部结构与空间结构优化相互交叉，互为支撑。近几年来，吉林省积极寻求探索旅游发展创新体制，举办如冰雪节庆、参观吉林三宝等特色旅游活动，不断推出区域合作新模式，先后成立东北“四城市”“东北三地五方”等旅游区域联合体，实现了优势互补和互惠多赢的目标。实践证明，将产业内部结构优化与空间结构优化相结合，加强旅游管理科学化，则旅游地的生命周期会得以持续延长。“两条腿走路”是特色旅游产品规模做大的强大推动力。

二、创新点

本书的几点创新之处如下。

（1）采取相对差异和绝对差异分析、洛伦茨曲线-基尼系数分析、灰色关联度分析等方法，对吉林省旅游产业结构发展水平、限制旅游产业结构因素及实施旅游产业结构优化的路径进行综合测度。相对于既有研究，本书测度更为精确，涉及的方面也更为系统全面，在一定程度上丰富或填补了相关研究领域。

（2）从系统理论和结构优化理论构建了吉林省旅游产业结构优化的理论框架。明晰了吉林省旅游产业结构优化的推动力量，得出吉林省旅游人力资源、旅游资本供给、旅游科技水平和旅游投资结构是制约吉林省旅游产业结构优化的主要因素，结合限制因素的探究，吉林省未来在产业结构优化过程中，应主要从产品优化、产业优化和空间优化等路径展开。

（3）将吉林省旅游产业空间结构的“点-轴-圈”模式与内外双三角模式相结合，探索综合运筹产业空间结构优化的思路，提出了构造“双核、一群、四组”的吉林省旅游空间结构。以长春和吉林两市为吉林省旅游业发展的核心层，形成长春、吉林、四平、松原和梅河口为主的中部工业旅游群，在外围打造白城—松原、四平—辽源、通化—白山—长白山和延吉—珲春—图们江四大旅游组。

参考文献

[1] 李国平，王志宝. 中国区域空间结构演化态势研究[J]. 北京大学学报（哲学社会科学版），2013，50（4）：148-157.

[2] 尚欣. 吉林省农业产业结构优化及仿生学分析[D]. 长春：吉林大学，2007.

[3] 孔令丞. 论中国产业结构优化升级[D]. 北京：中国人民大学，2003.

[4] 王衍用. 对桂林实现旅游产业升级换代的建议[N]. 中国旅游报，2008-02-15.

[5] 施轩祖. 以国际化促旅游产业升级[N]. 无锡日报，2008-12-24.

[6] 王皓然. 北京立足高端推旅游产业升级[N]. 北京商报，2010-05-27.

[7] 陈张书，叶文智. 健全法制促旅游产业升级[N]. 湖南经济报，2007-04-03.

[8] 孙惠楠. 促进旅游产业结构优化升级[N]. 贵阳日报，2007-08-20.

[9] 张陈呈. 以项目建设推进旅游产业升级[N]. 柳州日报，2008-10-25.

[10] 曹梦南. 深挖资源巧打特色——四平铁东区加速旅游产业升级[N]. 吉林日报，2009-08-04.

[11] 邹军，陈小卉. 城镇体系空间规划再认识——以江苏为例[J]. 城市规划，2001，25（1）：30-33.

[12] 麦金德. 历史的地理枢纽[M]. 林尔蔚，陈江，译. 北京：商务印书馆，2010.

[13] 李敏. 以商业模式创新推进旅游产业升级[N]. 亚太经济时报，2010-01-07.

[14] 罗海明，张媛明. 美国大都市区划分指标体系的百年演变[J]. 国际城市规划，2007，22（5）：58-64.

[15] 吉林省 2015 年谋划旅游业发展“十三五”规划[Z]. 吉林省旅游局，2015-02-05.

[16] 魏敏. 关于我国旅游理论的研究综述[J]. 生产力研究，2007（13）：148-150.

[17] 王宁. 旅游、现代性与“好恶交织”——旅行社会学的理论探索[J]. 社会学研究，1999（6）：93-102.

[18] Eisenhardt K M，Schoonhoven C B. Resource-based view of strategic alliance formation：strategic and social effects of entrepreneurial firms[J]. Organization Science，1996（7）：136-150.

[19] 西顿，班尼特. 旅游产品营销：概念、问题与案例[M]. 张俐俐，马晓秋，译. 北京：高等教育出版社，2004.

[20] Das T K，Teng B S. Resource and risk management in strategic alliance making process[J]. Journal of Management，1998，24（1）：21-42.

[21] Kumar R，Nti K O. Differential learning and interaction in alliance dynamics：a process and outcome discrepancy model[J]. Organization Science，1998（9）：356-367.

[22] 尹戟. 中国旅游产业研究述评[J]. 思想战线，2003，29（1）：138-140.

[23] 冯艳. 构建客户关系管理，提升旅游企业核心竞争力[J]. 统计与决策，2005（07s）：123-124.

[24] 张明清，刘超. 旅游产业国际竞争力的理论思考与竞争态势分析[J]. 经济问题探索，2000（4）：116-119.

[25] 宋健，王旭科. 西部旅游产业升级与优化对策探讨[J]. 合作经济与科技，2009（9）：16-18.

[26] 郭胜. 论旅游产业结构优化调整目标与措施[J]. 财贸研究，2003（4）：18-20.

[27] 李永文，孙本超. 论旅游系统的功能及其结构优化[J]. 焦作大学学报，2005（2）：23-26.

[28] 李亚兵，肖星. 区域旅游产品结构优化设计研究[J]. 干旱区资源与环境，2005（4）：130-134.

[29] 胡佛，杰莱塔尼. 区域经济学导论[M]. 郭万清等，译. 北京：商务印书馆，1990.

[30] 郝寿义，安虎森. 区域经济学[M]. 北京：经济科学出版社，1999.

[31] 尼茨坎普. 区域和城市经济学手册. 第1卷：区域经济学[M]. 安虎森，刘海军，程同顺等，译. 北京：经济科学出版社，2001.

[32] 牛亚菲. 旅游供给与需求的空间关系研究[J]. 地理学报，1996（1）：80-87.

[33] 吴传钧. 中国经济地理[M]. 北京：科学出版社，1998.

[34] 傅广海，游勇，朱多生. 四川省旅游业可持续发展研究[J]. 商业研究，2005（24）：202-207.

[35] 毛凤玲. 宁夏旅游发展研究[J]. 宁夏大学学报（自然科学版），2007（2）：180-183.

[36] 胡兆量. 中国区域发展导论[M]. 北京：北京大学出版社，2000.

[37] 王颖，刘恩峰. 秦皇岛市旅游业发展现状、问题与对策研究[J]. 旅游经济，2010（9）：148-149.

[38] 马耀峰，林志慧，刘宪锋，等.中国主要城市入境旅游网络结构演变分析[J]. 地理科学，2014（1）：25-31.

[39] 陈德广. 差异和差距：中国和北美旅游地理博士学位论文的比较研究[J]. 人文地理，2006（2）：12-16.

[40] 魏后凯. 中国地区发展[M]. 北京：经济管理出版社，1997.

[41] 程选. 我国地区比较优势研究[M]. 北京：中国计划出版社，2001.

[42] 林岚，杨蕾蕾，戴学军，等. 旅游目的地系统空间结构耦合与优化研究——以福建省为例[J]. 人文地理，2011（4）：140-146.

[43] 莱斯. 自然的控制[M]. 岳长岭，李建华，译. 重庆：重庆出版社，2007.

[44] 王铮. 地理科学导论[M]. 北京：高等教育出版社，1993.

[45] 萨缪尔森，诺德豪斯. 经济学（第19版）：上册[M]. 萧琛等，译. 北京：商务印书馆，2012.

[46] 诺思. 经济史上的结构和变革[M]. 厉以平，译. 北京：商务印书馆，1992.

[47] 克洛德·列维-斯特劳斯. 结构人类学：1[M]. 张祖建，译. 北京：中国人民大学出版社，2006.

[48] 李永文. 关于旅游学几个基本理论问题的思考[J]. 旅游科学，2008（6）：5-9.

[49] 哈维. 地理学中的解释[M]. 高泳源，刘立华，蔡运龙，译. 北京：商务印书馆，1996.

[50] 范轶琳. 基于产业集群理论的杭州城市旅游圈发展研究[J]. 北方经济，2008（8）：43-44.
[51] 李鹏飞. 旅游产业集群：理论与现实的探讨[J]. 经济地理，2009（7）：1209-1213.
[52] 翁瑾，杨开忠. 旅游空间结构的理论与应用[M]. 北京：新华出版社，2005.
[53] Pearce D G. Tourist development at Mount Cook Since 1884[J]. New Zealand Geography. 1980，36（2）：79-84.
[54] 克里斯塔勒. 德国南部中心地原理[M]. 常正文，王兴中等，译. 北京：商务印书馆，2010.
[55] 王士君，冯章献，张石磊. 经济地域系统理论视角下的中心地及其扩散域[J]. 地理科学，2010（6）：803-809.
[56] 张河清，王蕾蕾. 辐射理论在区域旅游合作中的应用[J]. 广州大学学报（社会科学版），2010（12）：36-40.
[57] 黄贻芳. 核心-边缘理论在构建武汉旅游圈中的运用[J]. 边疆经济与文化，2009（8）：17-18.
[58] 吴必虎. 区域旅游规划原理[M]. 北京：中国旅游出版社，2004.
[59] 汪宇明. 核心-边缘理论在区域旅游规划中的运用[J]. 经济地理，2002（3）：372-375.
[60] 崔功豪，魏清泉，陈宗兴. 区域分析与规划[M]. 北京：高等教育出版社，1999.
[61] 陆大道. 区域发展及其空间结构[M]. 北京：科学出版社，1995.
[62] 徐清. 基于点-轴系统理论的宁波乡村旅游空间结构优化[J]. 经济地理，2009，29（6）：1042-1046.
[63] 萨义德. 东方学[M]. 王宇根，译. 北京：三联书店，2007.
[64] 袁家冬，张娜. 东北老工业基地振兴与吉林省新型城市化的响应[J]. 世界地理研究，2005（2）：64-65.
[65] 李德明. 旅游理论与科学发展观[J]. 旅游学刊，2004，19（3）：5.
[66] 赵媛，仲伟周. 国内可持续旅游发展理论综述[J]. 学海，2000（3）：162-166.
[67] 师守祥. 旅游热的理论误导[N]. 中国经济时报，2007-04-02.
[68] 王旭科. 城市旅游发展动力机制的理论与实证研究[D]. 天津：天津大学，2008.
[69] 刘继生，陈彦光. 城市人口分布的非线性空间自相关及其局域性探讨[J]. 自然科学进展，2006，16（7）：828-834.
[70] 李勇. 吉林省旅游产业区域影响力研究[D]. 长春：东北师范大学，2008.
[71] 刘继生，陈彦光. 作为 CAS 的复杂城市地理系统的 SOC 性质[J]. 地理科学，2007（2）：129-136.
[72] 韦伯. 经济与社会：上卷[M]. 北京：商务印书馆，1997.
[73] 杨吾扬，蔡渝平. 中地论及其在城市和区域规划中的应用[J]. 城市规划，1985（5）：7-12.
[74] 中国新闻网. 吉林省开拓多条跨国边境游促东北亚区域合作[EB/OL].（2010-10-10）.http://www.chinanews.com/gn/2010/10-10/2576173.shtml.
[75] 孙海涛. 东丰农民画全国响当当[N]. 城市晚报，2012-09-23.
[76] 刘继生，那伟，房艳刚. 辽源市社会系统的脆弱性及其规避措施[J]. 经济地理，2010（6）：

944-948.
[77] 史小珍. 浙江省旅游产业区域结构优化研究[J]. 国土与自然资源研究，2008（3）：80-82.
[78] 艾・塞・马汉. 海军战略[M]. 蔡鸿干，田常吉，译. 北京：商务印书馆，2003.
[79] 方世敏，廖珍杰. 长株潭旅游景区群落结构优化研究[J]. 城市问题，2008（7）：27-31.
[80] 熊元斌，柴海燕. 从“二脉”到“四脉”：旅游目的地形象定位理论的新发展[J]. 武汉大学学报（哲学社会科学版），2010（1）：156-160.
[81] Peare D G. Tourism in Pairs studies at the microscale[J]. Annals of Tourism Research，1999，26（1）：91-93.
[82] 周蓓. 四川省航空旅游网络空间特征及其结构优化研究[J]. 地理与地理信息科学，2008（1）：100-104.
[83] 姚德文. 产业结构优化升级的制度分析——以上海为例[D]. 上海：复旦大学，2008.
[84] 刘纬华. 关于社区参与旅游发展的若干理论思考[J]. 旅游学刊，2000（1）：47-52.
[85] 贝尔. 后工业社会的来临[M]. 高铦，王宏周，魏章玲，译. 北京：新华出版社，1997.
[86] 池雄标. 论政府旅游营销行为的理论依据[J]. 旅游学刊，2003（3）：58-61.
[87] 杨杰. 加快推进哈尔滨旅游产业升级的三大战略[N]. 中国旅游报，2008-08-13.
[88] 邹再进. 区域旅游业态理论研究[J]. 地理与地理信息科学，2007（5）：100-104.
[89] 杨兴柱，顾朝林，王群. 旅游流驱动力系统分析[J]. 地理研究，2011，30（1）：23-36.
[90] 周丽洁. 基于利益相关者理论的张家界旅游发展策略[J]. 经济地理，2009，29（12）：2108-2112.
[91] Bartlett W. On the dynamic instability of induced-migration unemployment in a dual economy[J]. Journal of Development Economic，1983，13（1-2）：85-96.
[92] 李天元. 旅游目的地定位研究中的几个理论问题[J]. 旅游科学，2007，21（4）：1-7.
[93] 陶卓民，高春亮. 江苏环太湖地区旅游产品构成的系统分析和结构优化[J]. 旅游学刊，2000（4）：33-37.
[94] 阳国亮，李莉，梁继超. 泛北部湾旅游产品结构优化研究[J]. 改革与战略，2007，23（12）：89-92.
[95] 王文祥. 文化旅游产业国内外研究综述[J]. 学术交流，2010（11）：122-124.
[96] 章锦河，张捷，刘泽华. 基于旅游场理论的区域旅游空间竞争研究[J]. 地理科学，2005，25（2）：248-251.
[97] 陈秀琼，黄福才. 基于社会网络理论的旅游系统空间结构优化研究[J]. 地理与地理信息科学，2006，22（5）：76-79.
[98] Clare A G. A Tourism Planning[M]. New York：Crane Rusak，1979.
[99] 陈才，黄馨，陈春林. 论中国地域系统的协调与调控[J]. 地理科学，2010，30（3）：321-323.
[100] 田宝强. 黑龙江省旅游产业发展的理论思考和对策[J]. 学术交流，2002（5）：98-100.
[101] 于国政，樊华. 地缘地理学学科构建探析[J]. 世界地理研究，2009（3）：146-153.

[102] 王恒，李悦铮. 大连市旅游系统空间结构优化初探[J]. 国土与自然资源研究，2007（4）：70-72.
[103] 杨春宇，黄震方，毛卫东. 旅游地复杂系统演化理论研究流派、进程与展望[J]. 人文地理，2009（3）：66-70.
[104] 严伟. “大旅游”产业理论及其实践研究[J]. 改革与战略，2009（2）：139-142.
[105] 朱元恩，吴倩妮. 旅游地生命力理论研究[J]. 地理与地理信息科学，2008（3）：100-104.
[106] 王德刚，张若阳. 旅游道德论[J]. 旅游科学，2010（1）：17-24.
[107] 杨彦锋，徐红罡. 对我国生态旅游标准的理论探讨[J]. 旅游学刊，2007（4）：73-78.
[108] 王富玉. 可持续旅游的理论与实践[J]. 管理世界，1999（4）：82-87.
[109] 宋丽娜. 近十年来国内生态旅游理论研究的回顾与思考[J]. 天津商业大学学报，2010，30（1）：68-72.
[110] 马克思. 资本论：第三卷[M]. 中共中央马克思恩格斯列宁斯大林著作编译局，译. 北京：人民出版社，2004.
[111] 马克思恩格斯全集：第 23 卷[M]. 北京：人民出版社，1972.
[112] 史云. 关于低碳旅游与绿色旅游的辨析[J]. 旅游论坛，2010（6）：652-655.
[113] 李华敏. 基于顾客价值理论的旅游地选择意向形成机制研究[J]. 地理研究，2010（7）：1336-1344.
[114] Thirwall A P. The Economics of Growth and Development：Selected Essays of A. P. Thirwall[M]. Edward Elgar Publishing Company，1995：21.
[115] 修春亮，孙鹏. 城镇化、产业发展与城镇体系布局[J]. 新长征，2010（12）：22-23.
[116] 庄伟光，邹开敏. 推动广东旅游业结构优化和转型升级[N]. 亚太经济时报，2008-12-28.
[117] 王有成. 论旅游目的地联合营销的理论基础及其对中国的启示[J]. 旅游学刊，2009（6）：53-59.
[118] 梅林，高林安. 长春市历史街区的保护与旅游开发[J]. 资源开发与市场，2012（8）：740-742.
[119] 李秀霞，倪维秋. 点-轴系统理论在鸭绿江流域旅游资源开发中的运用研究[J]. 商业研究，2008（2）：139-141.
[120] 舒波. 国内外旅游服务供应链及复杂网络相关研究综述与启示[J]. 旅游科学，2010（6）：72-83.
[121] 李骊明. 关于陕西旅游重点区域景观布局及产品结构优化调整的构想[J]. 人文地理，1998（4）：57-60.
[122] 秦安臣. 生态旅游品牌规划的基础理论研究[D]. 北京：北京林业大学，2005：14.

彩　　图

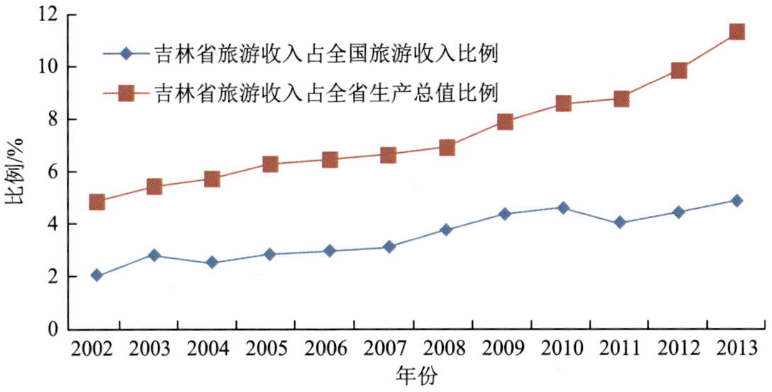

图 3-7　吉林省 2002～2013 年旅游业发展产业规模

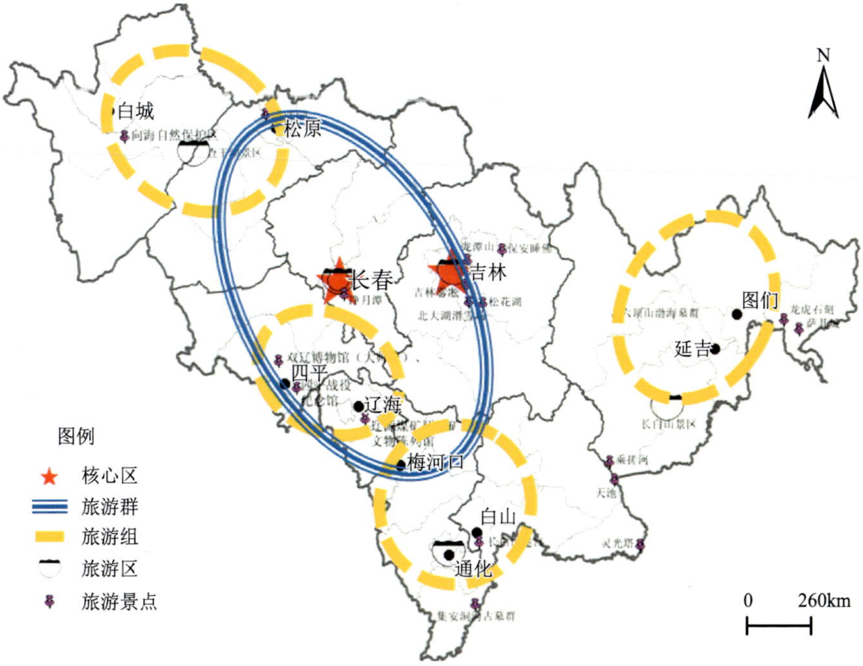

图 3-9　吉林省旅游业“双核、一群、四组”空间结构图

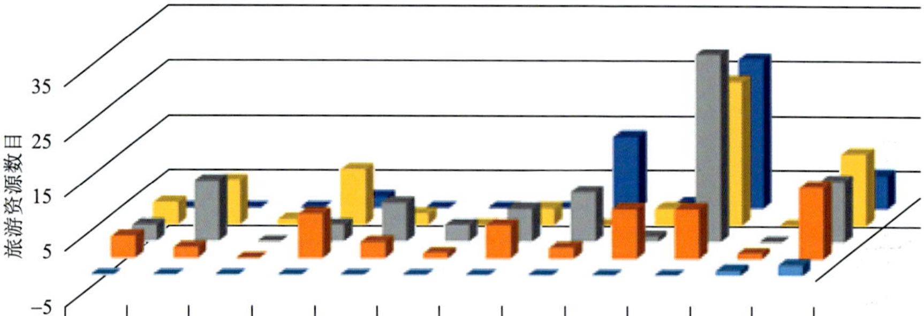

	白城市	白山市	公主岭市	吉林市	辽源市	梅河口市	四平市	松原市	通化市	延边州	长白山管委会	长春市
求和项:5A	0	0	0	0	0	0	0	0	0	0	1	2
求和项:4A	4	2	0	8	3	1	6	2	9	9	1	13
求和项:3A	3	11	0	3	7	3	6	9	1	34	0	11
求和项:2A	4	8	1	10	2	0	3	0	3	26	0	13
求和项:1A	0	0	0	2	0	0	0	13	1	27	0	6

图 4-1　2014 年吉林省各市州 A 级旅游资源数目

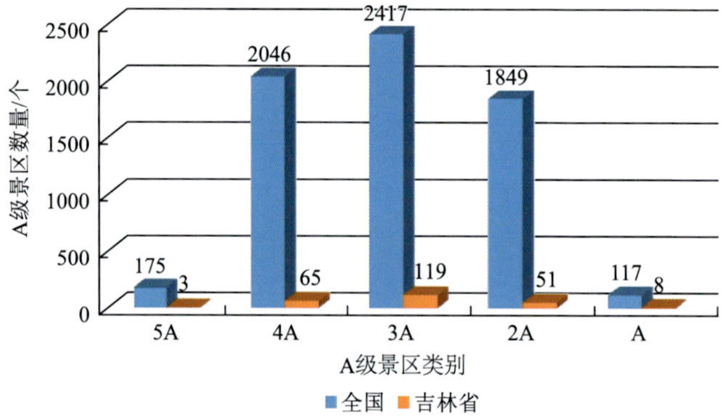

图 4-3　2013 年吉林省与全国 A 级景区数量对比